Zahlenzauber 4

Arbeitsheft
für die Grundschule

Allgemeine Ausgabe

Erarbeitet von
Bettina Betz
Angela Bezold
Ruth Dolenc-Petz
Hedwig Gasteiger
Carina Hölz
Petra Ihn-Huber
Christine Kullen
Elisabeth Plankl
Beatrix Pütz
Carola Schraml
Karl-Wilhelm Schweden

Unter Beratung von
Juliane Leuders

Illustriert von
Mathias Hütter
Renate Möller

Ich bin Bim.

Ich bin Simsala.

Und ich bin Eulalia.

W0176213

 Deine interaktiven Gratis-Übungen findest du hier:

1. Gehe auf scook.de.
2. Gib den unten stehenden Zugangscode in die Box ein.
3. Hab viel Spaß mit deinen Gratis-Übungen.

Dein Zugangscode auf
www.scook.de | yyz4v-krpwt

Oldenbourg Schulbuchverlag, München

Ergebnisse überprüfen

In diesem Heft findest du ein **Lösungsheft**.
So kannst du damit arbeiten:
Fülle alle Aufgaben einer Seite komplett aus.
Wenn du nachgerechnet hast, darfst du mit dem Lösungsheft vergleichen.

Zeichenerklärung

⭐	Aufgaben für Mathe-Experten
🧱	Offene Aufgaben
📖	Schreibe die Aufgabe in dein Lerntagebuch.
SB S. 4/5	Vergleiche dazu diese Seite im Schulbuch.
Grundwissen-Seiten	Das solltest du wissen.
Bist-du-fit-Seiten	Hier kannst du noch üben.

Farberklärung

Zahlen und Operationen
Zahlen erfassen und Zahlbeziehungen verstehen

Zahlen und Operationen
Im Zahlenraum bis 2000 rechnen
Im Zahlenraum bis 100 000 rechnen
Im Zahlenraum bis zur Million rechnen

Sachsituationen

Größen und Messen

Daten, Häufigkeiten, Wahrscheinlichkeiten

Raum und Form

Grundwissen/Bist-du-fit?

Inhaltsverzeichnis

Titel	AH-Seite	SB-Seite
Tausender, Hunderter, Zehner, Einer	4	6/7
1000 und über 1000 hinaus ①	5	8/9
1000 und über 1000 hinaus ②	6	8/9
Erfindungen und Ereignisse der letzten 800 Jahre	7	10/11
Addieren bis 1000	8	12/13
Subtrahieren bis 1000	9	12/13
Schriftlich addieren und subtrahieren	10	14/15
Schaubilder lesen	11	16/17
Ein Aquarium einrichten	12	18/19
Multiplizieren und dividieren	13	20/21
Kombinieren und darstellen	14	22/23
Grundwissen ①	15	24/25
Bist du fit? ①	16	24/25
Halbschriftlich multiplizieren	17	26/27
Halbschriftlich dividieren ①	18	28/29
Halbschriftlich dividieren ②	19	28/29
6 Schritte zur Lösung ①	20	30/31
6 Schritte zur Lösung ②	21	32/33
Was ist im Säckchen?	22	34/35
Vom Einer zum Hunderttausender	23	36/37
Legen, spielen, rechnen bis 100 000	24	38/39
Zahlen am Zahlenstrahl bis 100 000 ①	25	40/41
Zahlen am Zahlenstrahl bis 100 000 ②	26	40/41
Kopfrechnen bis 100 000: addieren und subtrahieren	27	42/43
Kopfrechnen bis 100 000: multiplizieren und dividieren	28	44/45
Knifflige Aufgaben ①	29	46/47
Knifflige Aufgaben ②	30	46/47
Grundwissen ②	31	48/49
Bist du fit? ②	32	48/49
Geo-Burgen	33	50/51
Der Quader	34	52/53
Würfelnetze – Quadernetze	35	54/55
In Schritten zur Million	36	56/57
Legen, spielen, rechnen bis zur Million	37	58/59
Zahlen am Zahlenstrahl bis zur Million ①	38	60/61
Zahlen am Zahlenstrahl bis zur Million ②	39	60/61
Kopfrechnen bis 1 000 000: addieren und subtrahieren	40	62/63
Kopfrechnen bis 1 000 000: multiplizieren und dividieren	41	64/65
Flüssigkeiten schätzen und messen – Milliliter und Liter	42	66/67
Rechnen mit Millilitern und Litern	43	68/69
Wasser ist kostbar	44	70/71
Grundwissen ③	45	72/73
Bist du fit? ③	46	72/73
Schriftlich multiplizieren	47	74/75
Der Null auf der Spur	48	76
Schriftlich multiplizieren mit großen Zahlen	49	78/79
Viele, viele Malaufgaben	50	80/81
Beim Einkaufen – Rechnen mit Kommazahlen ①	51	82/83
Beim Einkaufen – Rechnen mit Kommazahlen ②	52	82/83
Kunst mit Zirkel und Geodreieck	53	84/85
Große Tiere	54	86/87
Schriftlich dividieren ①	55	88/89
Schriftlich dividieren ②	56	88/89
Schriftlich dividieren – Vorsicht Nullen!	57	90/91
Schriftlich dividieren mit kleinen Zahlen	58	92/93
Schriftlich dividieren mit großen Zahlen ①	59	92/93
Schriftlich dividieren mit großen Zahlen ②	60	92/93
Dividieren mit Forscherblick	61	94/95
Grundwissen ④	62	96/97
Bist du fit? ④	63	96/97
Ganz genau und ungefähr	64	98/99
Zahlenzauberei mit dem Taschenrechner	65	102/103
Würfelgebäude – Pläne und Ansichten	66	106–109
Bandornamente	67	114/115
Von der Zeit in der Welt ①	68	116/117
Von der Zeit in der Welt ②	69	116/117
Sommerzeit – Ferienzeit	70	118/119
Grundwissen ⑤	71	122/123
Bist du fit? ⑤	72	122/123

Tausender, Hunderter, Zehner, Einer

SB S. 6/7

1 Wie heißen die Zahlen? Ergänze die Tabelle.

a)

T	H	Z	E		
1	0	0	0	□	1000
1	2	0	0	□ □□	
				□ I	
				□ III ::::	
				□□□□□ IIII ::	
					2005
					1134
					1407

b)

T	H	Z	E		
1	6	3	5	5E, 6H, 1T, 3Z	1635
				1H, 1T, 6E	
				2T, 4E, 2Z, 3H	
				6Z, 1T, 2E	
				4H, 2T	
				6E, 7Z, 1T	
				1E, 2T, 7H	
				3Z, 3T, 1H	

2 Welche Stellen verändern sich jeweils? Erkläre und rechne.

a)

465 +   2 = _____   465 − 40 = _____
465 + 300 = _____   465 −   3 = _____
465 + 30 = _____   465 − 200 = _____
465 + 332 = _____   465 − 243 = _____

b)

348 + 50 = _____   348 − 30 = _____
348 + 600 = _____   348 −   7 = _____
348 +   1 = _____   348 − 200 = _____
348 + 651 = _____   348 − 237 = _____

1000 und über 1000 hinaus ①

SB S. 8/9

① Trage die fehlenden Zahlen ein und ordne die Kärtchen zu.

a)

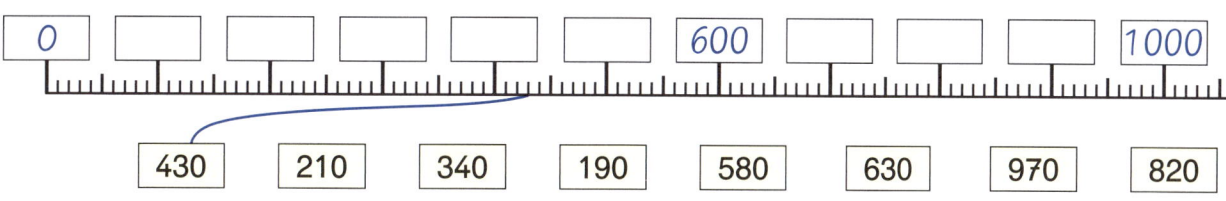

| 430 | 210 | 340 | 190 | 580 | 630 | 970 | 820 |

b)

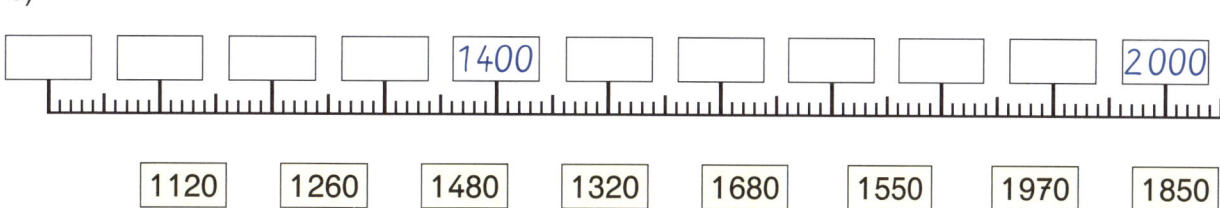

| 1120 | 1260 | 1480 | 1320 | 1680 | 1550 | 1970 | 1850 |

② Schreibe alle Zahlen auf, die zu den Strichen gehören.

a) ⓘ268, 1269, _____

Kreise die geraden Zahlen ein.

b) _____

Kreise die ungeraden Zahlen ein.

c) _____

Kreise die Zahlen mit 0 E oder 0 Z oder 0 H ein.

1000 und über 1000 hinaus ②

① Nachbarzahlen

Vorgänger	Zahl	Nachfolger
997	998	999
	769	

Vorgänger	Zahl	Nachfolger
	1 420	
	1 206	

Vorgänger	Zahl	Nachfolger
	1 000	
	2 000	

② Nachbarzehner: Unterstreiche jeweils den Zehner, der näher liegt.

Nachbarzehner	Zahl	Nachbarzehner
990	998	1 000
	769	
	1 201	

Nachbarzehner	Zahl	Nachbarzehner
	1 420	
	1 206	
	1 874	

Nachbarzehner	Zahl	Nachbarzehner
	1 000	
	2 000	
	1 900	

③ Nachbarhunderter: Unterstreiche jeweils den Hunderter, der näher liegt.

Nachbarhunderter	Zahl	Nachbarhunderter
900	998	1 000
	769	
	1 201	

Nachbarhunderter	Zahl	Nachbarhunderter
	1 420	
	1 206	
	1 874	

Nachbarhunderter	Zahl	Nachbarhunderter
	1 000	
	2 000	
	1 900	

④ Erkennst du das Muster? Setze die Zahlenfolgen fort.

1 466, 1 468, 1 470, _____, _____, 1 476   (+2)

1 906, 1 904, 1 902, _____, _____, 1 896

1 000, 1 003, 1 006, _____, _____, 1 015

1 015, 1 010, 1 005, _____, _____, 990

Schreibe weitere Zahlenfolgen in dein 📖. Erkläre deine Zahlenfolgen.

⑤ Zahlenrätsel

Bilde die größte gerade Zahl, die kleiner ist als 2 000.
_____

Bilde aus den Ziffern 1, 4, 5, 8 die Zahl, die am nächsten an 1 700 liegt.
_____

Die Zahl liegt zwischen 1 000 und 2 000.
An der Einer- und an der Tausenderstelle steht die gleiche Ziffer. Es kommt noch zweimal die 5 vor. _____

Erfindungen und Ereignisse der letzten 800 Jahre

SB S. 10/11

① Die Entwicklung des Fahrrads

a) Trage die fehlenden Zahlen auf der Zeitleiste ein.
Verbinde die Bilder mit dem Jahr der Erfindung.

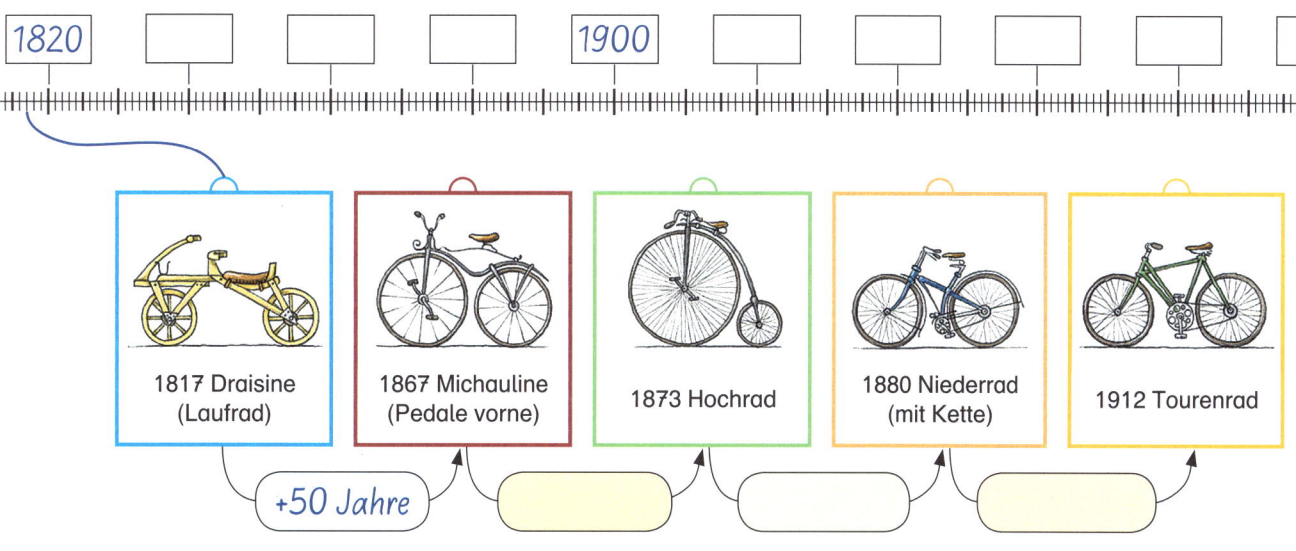

1820 ☐ ☐ 1900 ☐ ☐ ☐ ☐ ☐

1817 Draisine (Laufrad) | 1867 Michauline (Pedale vorne) | 1873 Hochrad | 1880 Niederrad (mit Kette) | 1912 Tourenrad

+50 Jahre

b) Wie viel Zeit verging von einer Erfindung bis zur nächsten?
Trage oben die Jahre ein.

c) Wie viele Jahre sind bis heute seit jeder Erfindung vergangen?

Erfindung	Jahr	vergangene Zeit bis heute
Draisine	1817	
Michauline		
Hochrad		
Niederrad		
Tourenrad		

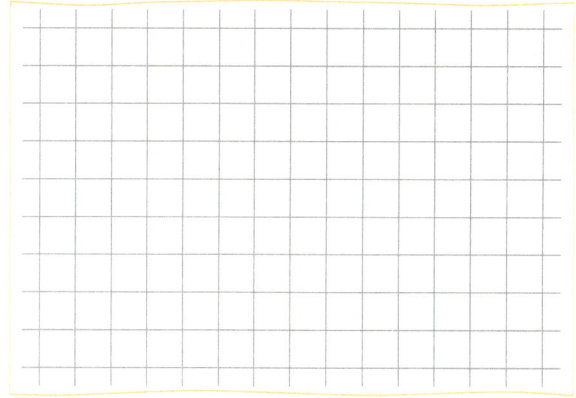

② Berühmte Bauwerke

a) Wie lange war die Bauzeit dieser Bauwerke?

b) Vor wie vielen Jahren wurden die Bauwerke fertiggestellt?

Berlin Brandenburger Tor 1788–1791 | Ulmer Münster 1377–1890 | Turm von Pisa 1173–1360 | Kölner Dom 1248–1880

Bauzeit: _3 Jahre_ _____ _____ _____

Alter: _____ _____ _____ _____

Addieren bis 1000

Denke an die Platten, Stangen und Würfel.

SB S. 12

① Rechne auf deinem Weg. Du kannst die Aufgaben auch im Kopf lösen.

581 + 291 = _____   321 + 179 = _____   88 + 224 = _____

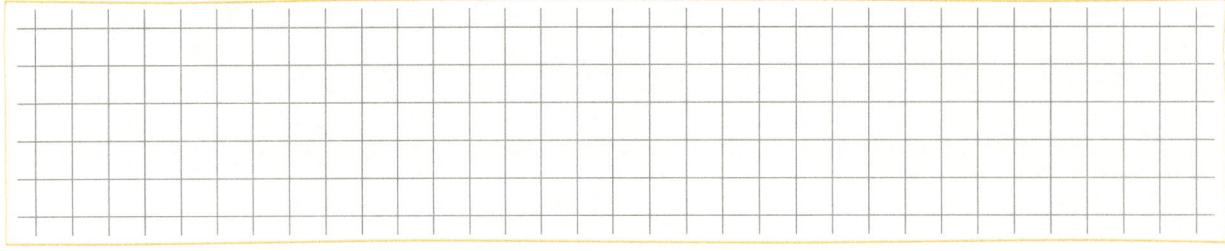

189 + 732 = _____   552 + 98 = _____   376 + 596 = _____

358 + 485 = _____   534 + 259 = _____   734 + 166 = _____

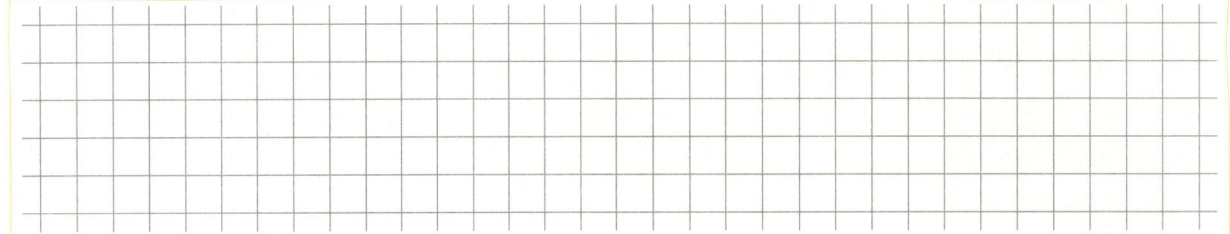

② Vereinfache die Aufgaben so, dass du leicht rechnen kannst.

224 + 198 = 422   863 + 195 = _____   399 + 601 = _____
222 + 200 = 422

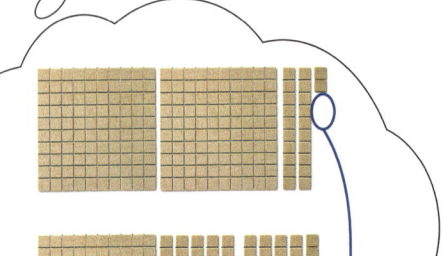

655 + 245 = _____   514 + 197 = _____

471 + 297 = _____   647 + 205 = _____

399 + 401 = _____   295 + 328 = _____

Subtrahieren bis 1000

> Denke an die Platten, Stangen und Würfel.

1 Rechne auf deinem Weg.

670 – 45 = _____   340 – 67 = _____   450 – 94 = _____

559 – 480 = _____   728 – 490 = _____   313 – 160 = _____

> Ich löse alle Aufgaben im Kopf.

2 Rechne auf deinem Weg.

916 – 595 = _____   703 – 664 = _____   797 – 668 = _____

692 – 348 = _____   914 – 736 = _____   836 – 274 = _____

 **3**   1 024 – 996 = _____   1 892 – 398 = _____   2 004 – 1 996 = _____

Schriftlich addieren und subtrahieren

SB S. 14/15

1 Rechne schriftlich.

a)
```
  3 4 6        6 8 9
+ 4 6 9      + 5 1 3
```

b)
```
  1 3 4 6      1 0 1 0      1 6 5 4
-   5 8 9    -   8 1 7    -     9 3
```

2 a) Addiere.

1 208 + 396   1 395 + 286   593 + 1 407

Worauf musst du hier achten?

b) Subtrahiere.

1 953 − 636   1 017 − 459   1 808 − 698

3 Rechne Aufgabe und Umkehraufgabe.

a)
```
  9 1 2       2 7 5       8 4 6                   1 0 1 0
- 6 3 7     + 6 3 7     - 5 8 3                 -   6 1 7
```

b)
```
  9 0 8                   3 1 7                     4 7 8
+ 9 5 8                 + 4 8 6                 + 1 3 5 6
```

4 Rechne.

a)
```
    4 _ 4          _ 1 6         4 5 _
+   _ 5 2      + 4 _ 8       + _ 5 _ 8
  ─────────      ─────────     ─────────
    8 2 _          7 5 _         1 _ 7 8
```

b)
```
   1 _ 5 9        1 8 _ 6        1 1 _ 6
 -   7 _ 2      -     2 7      -     3 8
  ─────────      ─────────      ─────────
       3 2 _        1 7 5 _        1 0 4 _
```

Schaubilder lesen

SB S. 16/17

1 Die Kinder einer Grundschule wurden zu ihrem Lieblingsessen befragt.

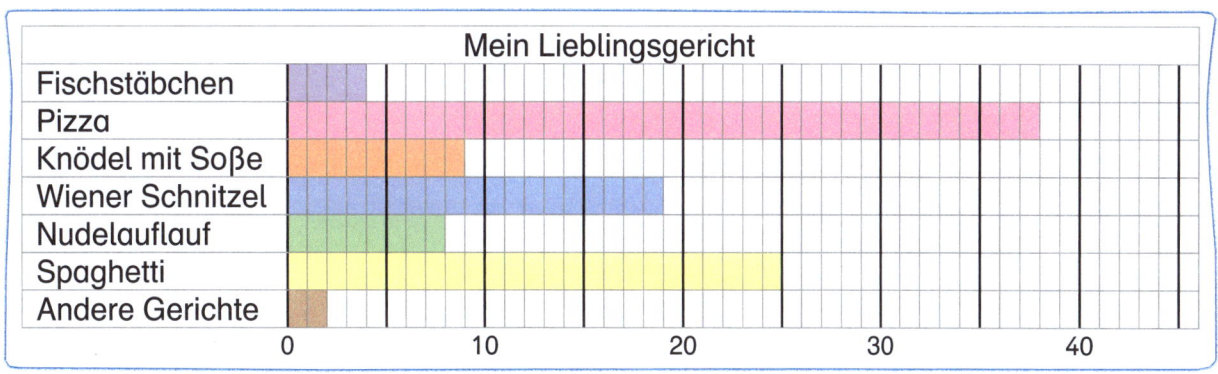

a) Lies das Schaubild, rechne und ergänze.
Wie viele Kinder wurden insgesamt befragt?

_____ Kinder nahmen an der Umfrage teil.

Nenne das Lieblingsgericht der meisten Kinder: _____

Wie heißen die drei beliebtesten Gerichte?

_____

b) Welche Aussagen stimmen? Kreuze an: ☒.

☐ Wiener Schnitzel wurde seltener als Lieblingsgericht genannt als Pizza.

☐ Nudelauflauf wurde häufig genannt.

☐ Weniger Kinder nannten Fischstäbchen als Knödel mit Soße.

☐ Mehr als die Hälfte aller Kinder haben als Lieblingsgericht Pizza oder Spaghetti angegeben.

2 72 Kinder wurden nach ihrer Lieblingsnachspeise befragt.
Erstelle ein Schaubild.

3 Führt eine Umfrage zu Lieblingsnachspeisen, Lieblingseissorten, … in eurer Klasse durch.

11

Ein Aquarium einrichten

SB S. 18/19

1 Miriam und Jan haben insgesamt 35 € gespart. Sie möchten für ihr Aquarium noch dieses Zubehör kaufen.

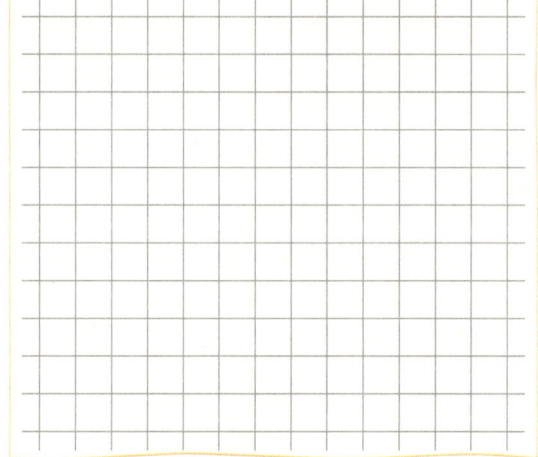

a) Wie viel kostet das Zubehör insgesamt?

A: _____

b) Reicht ihr Geld auch noch für eine Wasserpflanze zu 7,60 €?

A: _____

2 a) Schreibe eine Rechengeschichte. Schaffst du es, dass alle Angaben vorkommen?

b) Rechne.

_____
_____
_____
_____
_____

3 Stefan kauft sich ein gebrauchtes Aquarium für 65 €. Eine neue Heizung und ein neuer Innenfilter kosten zusammen 96 €. Dazu sucht er sich noch 6 Guppys aus. Reicht sein Geld?

a) Welche dieser Informationen brauchst du noch, um diese Aufgabe zu lösen? Färbe sie.

b) Löse die Aufgabe.

| Ein Guppy kostet 3 €. | Ein Zwergfadenfisch kostet 5 €. |

Stefan hat 200 €.

A: _____

Multiplizieren und dividieren

SB S. 20/21

1 Multiplizieren und dividieren mit 10 und 100

12 · 10 = ___	10 · 16 = ___	1 300 : 10 = ___	150 : 10 = ___
12 · 100 = ___	100 · 16 = ___	1 300 : 100 = ___	1 500 : 10 = ___
120 · 10 = ___	10 · 160 = ___	130 : 10 = ___	1 500 : 100 = ___

Aufgaben mit mal 10 und mal 100: Schreibe in dein .

2 Multiplizieren mit Vielfachen von 10 und 100

a) 4 · 7 = ___   3 · 8 = ___   9 · 3 = ___   8 · 9 = ___
   4 · 70 = ___   3 · 80 = ___   9 · 30 = ___   8 · 90 = ___

b) 8 · 3 = ___   7 · 6 = ___   3 · 7 = ___   6 · 4 = ___
   80 · 3 = ___   70 · 6 = ___   30 · 7 = ___   60 · 4 = ___

c) 4 · 3 = ___   3 · 5 = ___   6 · 3 = ___   2 · 9 = ___
   4 · 300 = ___   3 · 500 = ___   600 · 3 = ___   200 · 9 = ___

3 Dividiere.  Die Umkehraufgabe hilft.

320 : 80 = ___	420 : 70 = ___	480 : 60 = ___	200 : 50 = ___
___ · 80 = 320			
320 : 8 = ___	420 : 7 = ___	480 : 6 = ___	200 : 5 = ___
___ · 8 = 320			

4 Bilde Produkte und Quotienten.   Produkt   Quotient

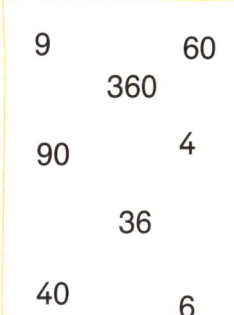

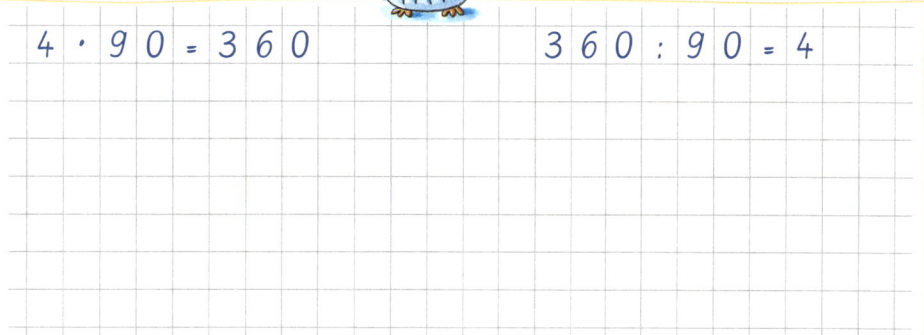

4 · 90 = 360   360 : 90 = 4

Kombinieren und darstellen

SB S. 22/23

① Mia hat drei Hosen, vier T-Shirts und zwei Kappen.

Wie viele verschiedene Kombinationen kann sie anziehen?
Löse die Aufgabe mit einem Baumdiagramm.

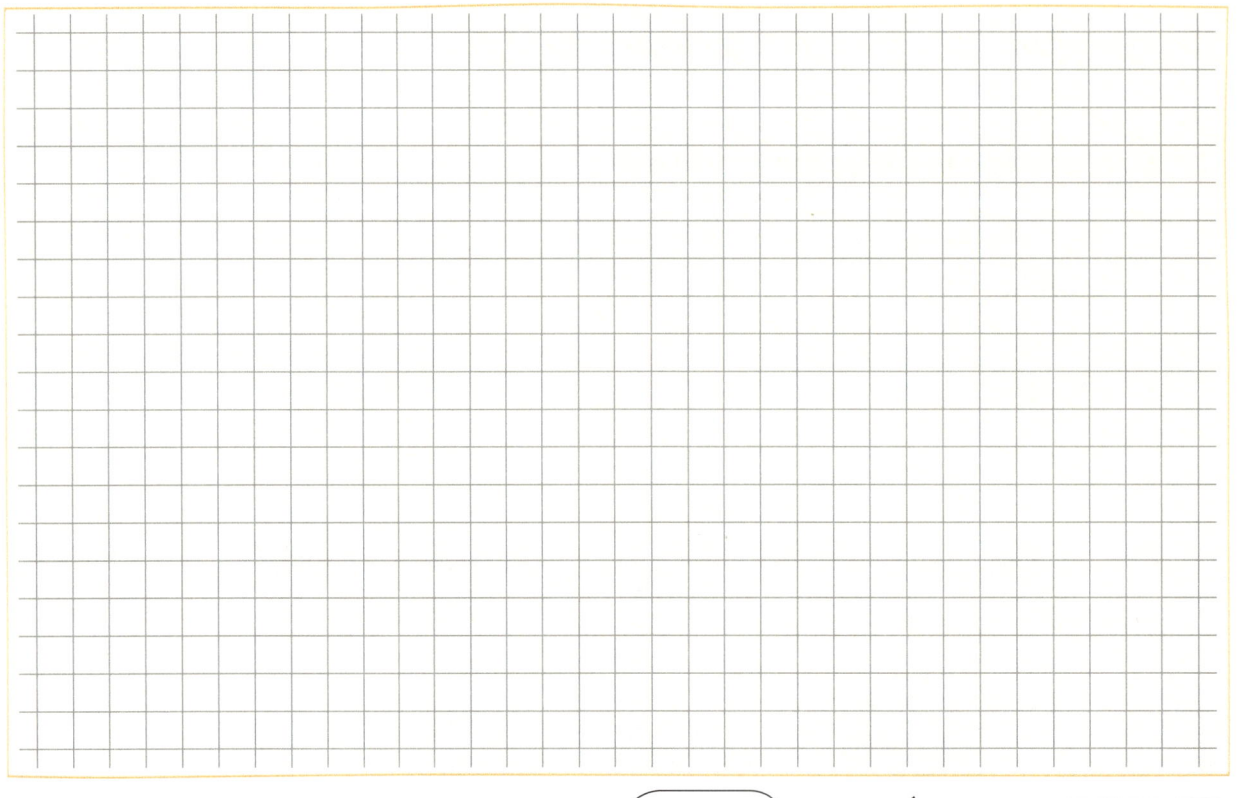

A: Es gibt ____ verschiedene Möglichkeiten.

② Am Kiosk gibt es diese Lollis:

Wie viele Möglichkeiten gibt es, ein Tütchen mit zwei verschiedenfarbigen Lollis zusammenzustellen? Löse die Aufgabe mit einer Tabelle.

Ich habe gelb-rot.

Das ist doch dasselbe!

Ich habe rot-gelb.

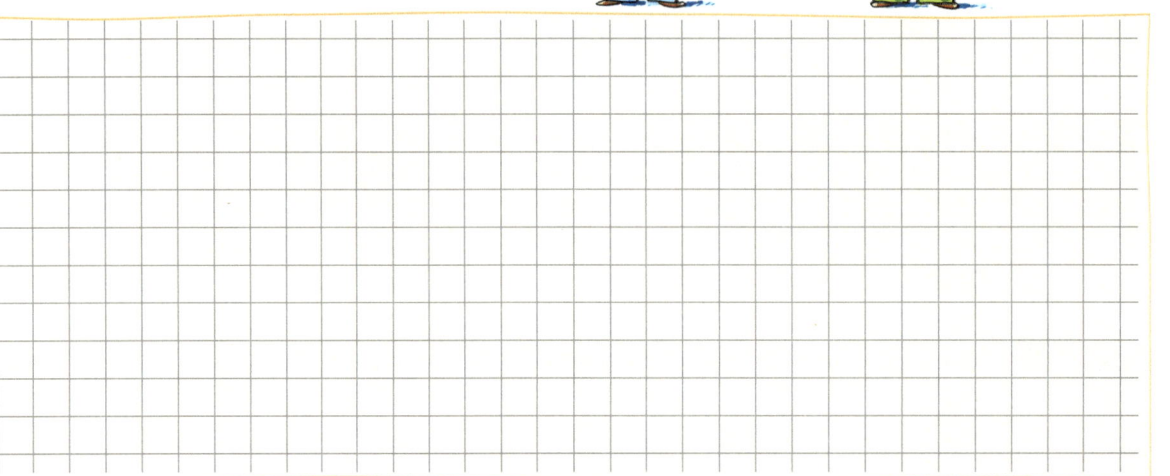

A: Es gibt ____ verschiedene Möglichkeiten.

Grundwissen ①

SB S. 24/25

1 Trage die Zahlen in die Stellenwerttafel ein.

T	H	Z	E

T	H	Z	E

T	H	Z	E

T	H	Z	E

2 Lege im Kopf. Addiere.

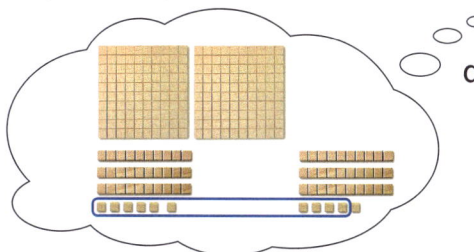

236 + 35 = 271

a)
684 + 16 = _____
537 + 26 = _____
128 + 45 = _____

b)
296 + 15 = _____
348 + 28 = _____
755 + 17 = _____
863 + 39 = _____

3 Lege im Kopf. Subtrahiere.

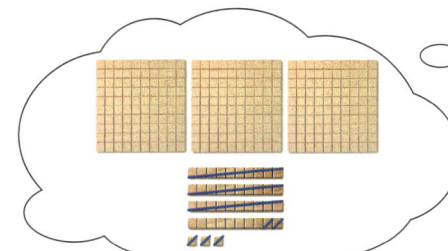

343 − 35 = 308

a)
594 − 37 = _____
381 − 43 = _____
176 − 29 = _____

b)
256 − 47 = _____
462 − 33 = _____
704 − 15 = _____
833 − 26 = _____

4 Wie verändern sich die Zahlen jeweils? Überlege und rechne.

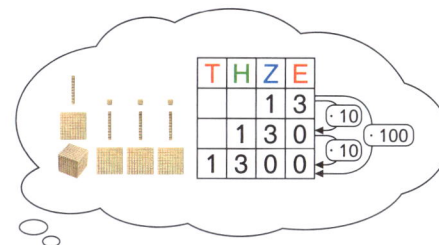

a)
27 · 10 = _____
27 · 100 = _____
270 · 10 = _____

b)
44 · 10 = _____
440 · 10 = _____
44 · 100 = _____

5 Rechne Aufgabe und Umkehraufgabe.

a)
630 : 10 = _____
_____ · 10 = _____

b)
540 : 10 = _____
_____ · 10 = _____

c)
2700 : 100 = _____
_____ · 100 = _____

6 Der Heißluftballon wurde 1783 erfunden, das Luftschiff im Jahr 1900. Wie viele Jahre vergingen dazwischen?

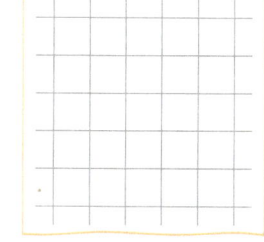

A: _____

Bist du fit? ①

SB S.24/25

1 Schreibe die passenden Zahlen auf.

T	H	Z	E
.	:::	:::	.

_____

T	H	Z	E
:		:::	

_____

T	H	Z	E
	:::		::

_____

T	H	Z	E
.	:::	:::	:

_____

2 Addiere.

a)
260 + 59 = _____
680 + 72 = _____
970 + 44 = _____

b)
639 + 68 = _____
483 + 56 = _____
725 + 76 = _____

c)
556 + 48 = _____
964 + 69 = _____
436 + 82 = _____

3 Subtrahiere.

a)
427 − 46 = _____
639 − 54 = _____
916 − 32 = _____

b)
284 − 92 = _____
327 − 68 = _____
852 − 74 = _____

c)
529 − 238 = _____
967 − 593 = _____
433 − 156 = _____

4 Rechne Aufgabe und Umkehraufgabe.

a)
12 · 100 = _____
_____ : 100 = _____

b)
450 : 10 = _____

c)
2 000 : 100 = _____

5 Rechne auf deinem Weg.

40 · 3 = _____   200 · 6 = _____   240 : 80 = _____

6 Wie viele Jahre vergingen jeweils zwischen den Erfindungen und bis heute?

Bleistift 1500 — +_____ Jahre → Füllfederhalter 1884 — +_____ Jahre → Kugelschreiber 1943

+_____ Jahre, +_____ Jahre, +_____ Jahre → heute

Halbschriftlich multiplizieren

SB S. 26/27

1 Rechne halbschriftlich auf deinem Weg.

a) 6 · 48 =   5 · 73 =   34 · 8 =

b) 3 · 267 =   4 · 195 =   318 · 3 =

2 Rechentrick 1: Verdoppeln oder halbieren

a)
2 · 64 =   2 · 87 =   2 · 195 =
4 · 64 =   4 · 87 =   4 · 195 =

b)
10 · 28 =   10 · 36 =   10 · 75 =
5 · 28 =   5 · 36 =   5 · 75 =

3 Rechentrick 2: Nahe an der Zehnerzahl   Beginne mit der leichten Aufgabe.

6 · 49 =   4 · 69 =   39 · 8 =
6 · 50 = 300   4 · ___ =   ___ · 8 =

4 Rechne halbschriftlich oder im Kopf.

67 · 6 = ___   28 · 4 = ___   342 · 2 = ___   5 · 32 = ___

17

Halbschriftlich dividieren ①

SB S.28/29

1 Zerlege und rechne.

"12 Z kann ich durch 6 teilen."

156 : 6

"60, 120, 180, …"

a)
156 : 6 = _____
120 : 6 = _____
36 : 6 = _____

444 : 6 = _____
_____
_____

588 : 6 = _____
_____
_____

210 : 6 = _____
_____
_____

b)
245 : 5 = _____
_____
_____

255 : 5 = _____
_____
_____

185 : 5 = _____
_____
_____

495 : 5 = _____
_____
_____

2 Rechne auf deinem Weg.

368 : 8 = _____   235 : 5 = _____   654 : 6 = _____

3 Rechne zuerst die einfachste Aufgabe im Kopf.

360 : 6 = _____
354 : 6 = _____
348 : 6 = _____

427 : 7 = _____
434 : 7 = _____
420 : 7 = _____

624 : 8 = _____
640 : 8 = _____
656 : 8 = _____

900 : 9 = _____
954 : 9 = _____
972 : 9 = _____

Halbschriftlich dividieren ②

SB S. 28/29

① Dividiere halbschriftlich und überprüfe mit der Umkehraufgabe.

448 : 7 = _____   _____ · 7 = _____

468 : 9 = _____   _____ · 9 = _____

365 : 5 = _____

664 : 8 = _____

② Dividiere. Manchmal bleibt ein Rest.

753 : 7 = _____

538 : 8 = _____

375 : 5 = _____

418 : 6 = _____

957 : 4 = _____

526 : 3 = _____

1 099 : 9 = _____

928 : 7 = _____

③ Dividieren durch Zehnerzahlen

90, 180, 270, 360, …

567 : 90 = _____

540 : 90 = 6
Rest 27

342 : 50 = _____

468 : 70 = _____

279 : 40 = _____

538 : 60 = _____

621 : 80 = _____

19

6 Schritte zur Lösung ①

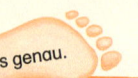

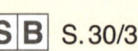
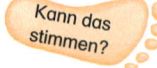

SB S. 30/31

① Leila hat um 13.15 Uhr Schulschluss.
Für den Heimweg braucht sie 20 Minuten,
für das Mittagessen eine halbe Stunde.
Ein Spaziergang mit Bello dauert 45 Minuten.
Für den Weg zum Kino plant sie 15 Minuten ein.

Wie viel Zeit bleibt Leila für die Hausaufgaben,
wenn die Vorstellung um 16 Uhr beginnt?

Erinnerst du dich?

A: _____

② Max muss zum Augenarzt. Er verlässt mit seinem Vater um 14.15 Uhr das Haus.
Die Autofahrt dauert 18 Minuten. Im Wartezimmer muss Max 40 Minuten warten.
Die Behandlung ist nach 16 Minuten beendet. Dann fahren sie wieder nach Hause.

a) Wie lange ist Max von zu Hause weg?
b) Kann Max pünktlich um 16 Uhr beim Tennistraining sein?

A: _____

③ Kann das stimmen?
Tina besucht ihre Freundin. Sie wohnt 8 Minuten von ihr weg. Tina geht um 15.45 Uhr
los. Sie bleibt 75 Minuten bei ihrer Freundin. Dann geht Tina wieder.
Kann sie um 17.10 Uhr zu Hause sein?

A: _____

6 Schritte zur Lösung ②

SB S. 32/33

① Simons großer Bruder möchte ein Tablet für 250 € kaufen. Seine Eltern zahlen die Hälfte. Er hat 80 € gespart. Von seinem Taschengeld spart Simons Bruder jeden Monat 5 €.

Wann kann er sich das Tablet kaufen?

Ein Stichwortzettel kann mir helfen.

A: _____

② Die Kinder wollen einen Rollschuhparcours aufbauen. Vom Starthütchen bis zum Zielhütchen sind es 36 m. Die Hütchen sollen im Abstand von 4 m stehen.

Wie viele werden benötigt?

A: _____

③ Kann das stimmen?
Für den Pausenhof sollen ein Basketballkorb und vier Bälle gekauft werden. Korb und Bälle kosten zusammen 240 €. Die Hälfte bezahlt die Schule. Ein Teil wird über Elternspenden finanziert und doppelt so viel über die Einnahmen vom Weihnachtsmarkt.

240 €

Wer zahlt welchen Betrag?

A: _____

Was ist im Säckchen?

SB S. 34/35

1 Welches Säckchen könnte zu welchem Versuchsergebnis passen? Verbinde.

rot	⊞ ⊞				
blau	⊞ ⊞ ⊞ ⊞ II				
gelb	⊞ ⊞ ⊞ III				
grün	⊞ ⊞				

rot					
blau	⊞ ⊞ ⊞ IIII				
gelb	⊞ ⊞ IIII				
grün	⊞ ⊞ ⊞ ⊞ ⊞ II				

rot	⊞ ⊞ ⊞ ⊞ ⊞ ⊞				
blau	⊞ ⊞ IIII				
gelb					
grün	⊞ ⊞ I				

rot	⊞ II				
blau	⊞ ⊞ I				
gelb	⊞ ⊞ IIII				
grün	⊞ ⊞ ⊞ ⊞ ⊞ III				

rot	⊞ ⊞ ⊞ ⊞ I				
blau	⊞ ⊞ ⊞ I				
gelb					
grün	⊞ ⊞ ⊞ ⊞ III				

rot	⊞ ⊞ ⊞ ⊞ ⊞ III				
blau	⊞ III				
gelb	⊞ II				
grün	⊞ ⊞ II				

2 In einem Säckchen sind 5 Würfel. Elias hat 60-mal gezogen. Welche Aussagen könnten stimmen? Kreuze an ✗.

a)
rot	⊞ ⊞				
blau	⊞ ⊞ ⊞ ⊞ I				
gelb	⊞ ⊞ ⊞ ⊞ ⊞ IIII				
grün					

○ Es ist eher wahrscheinlich, dass kein grüner Würfel im Säckchen ist.

○ Es sind bestimmt mehr rote als blaue Würfel.

○ Es könnten gleich viele blaue und gelbe Würfel sein.

○ Ein unmögliches Ergebnis ist 🟧🟨🟨🟦🟦.

b)
rot	IIII				
blau	⊞ ⊞ ⊞ I				
gelb	⊞ ⊞ III				
grün	⊞ ⊞ ⊞ ⊞ ⊞ II				

○ Es sind sicher gleich viele blaue, gelbe und grüne Würfel im Säckchen.

○ Es ist möglich, dass genau ein roter Würfel im Säckchen ist.

○ Es sind sicher alle vier Farben drin.

○ Das Ergebnis 🟧🟨🟩🟦🟨 ist eher unwahrscheinlich.

Vom Einer zum Hunderttausender

SB S. 36/37

① Was gehört zusammen? Verbinde und ergänze.

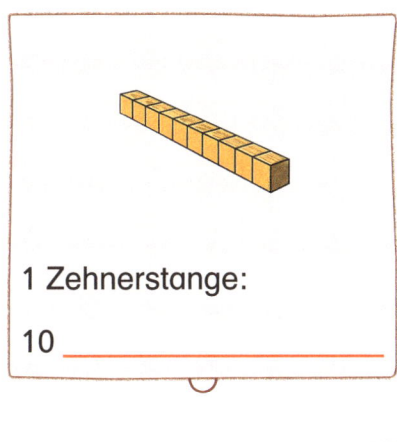

1 Zehnerstange:

10 _____

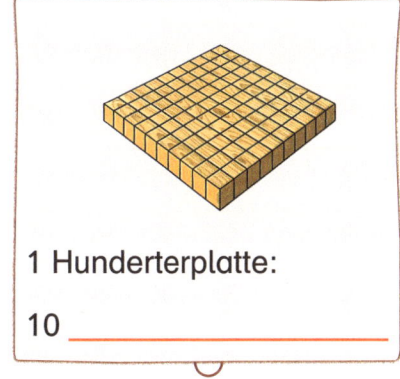

1 Hunderterplatte:

10 _____

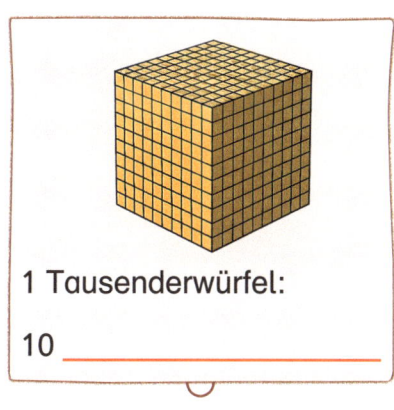

1 Tausenderwürfel:

10 _____

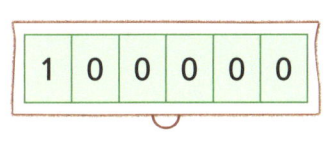

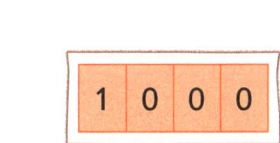

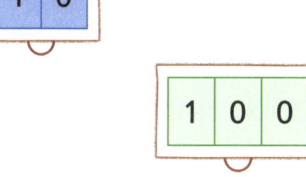

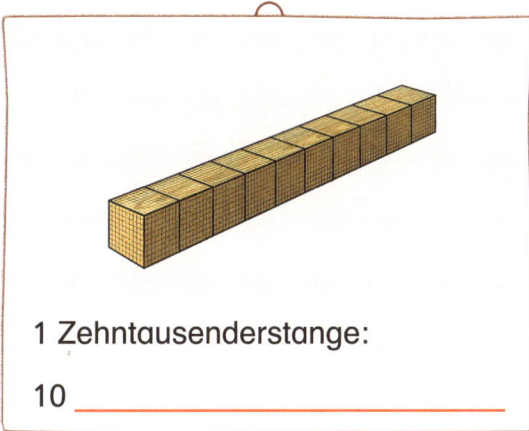

1 Zehntausenderstange:

10 _____

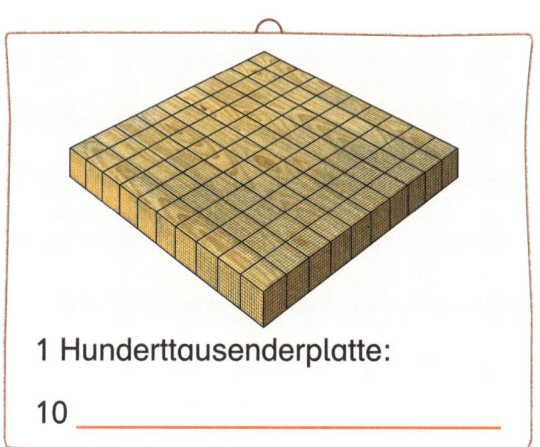

1 Hunderttausenderplatte:

10 _____

② Welche Zahlen wurden gelegt? Schreibe sie auf.

| 8 | 5 | 0 | 0 | 0 |

| 6 | 7 | 0 | 0 | 0 |

80 000 + 5 000 = 85 000

| 4 | 3 | 0 | 0 | 0 |

| 2 | 6 | 0 | 0 | 0 |

| 5 | 2 | 0 | 0 | 0 |

| 9 | 9 | 0 | 0 | 0 |

Legen, spielen, rechnen bis 100 000

1 Zerlege. 8355 = 8 000 + 300 + 50 + 5

1 783 =

4 820 =

92 583 =

68 901 =

52 700 =

2 Wie heißt die Zahl?

5 000 + 2 + 80 000 + 400 =

900 + 10 + 7 000 + 60 000 =

5 + 90 + 600 + 4 000 =

30 000 + 2 000 + 500 + 40 + 1 =

3 Schreibe Zahlen auf, die du mit diesen Karten legen kannst.

5 Zahlen habe ich schon.

| 8 | 0 | 0 | 0 |

| 6 | 0 | 0 | 0 | 0 |

| 2 |

| 5 | 0 | 0 |

| 3 | 0 |

2, 30, 32, 500, 502,

4 Eine Zahl – drei Schreibweisen: Ergänze.

	ZT	T	H	Z	E	
4 652						4T 6H 5Z 2E
5 322						
30 718						
						4ZT 3T 6H 2Z 5E
						9H 8Z 2T
						7E 6T 1H 6ZT
						dreiundsiebzigtausendsechs
						fünfundachtzigtausend
						vierzigtausendsieben

Zahlen am Zahlenstrahl bis 100 000 ①

SB S. 40/41

① Ergänze die fehlenden Zahlen und ordne die Kärtchen richtig zu.

a)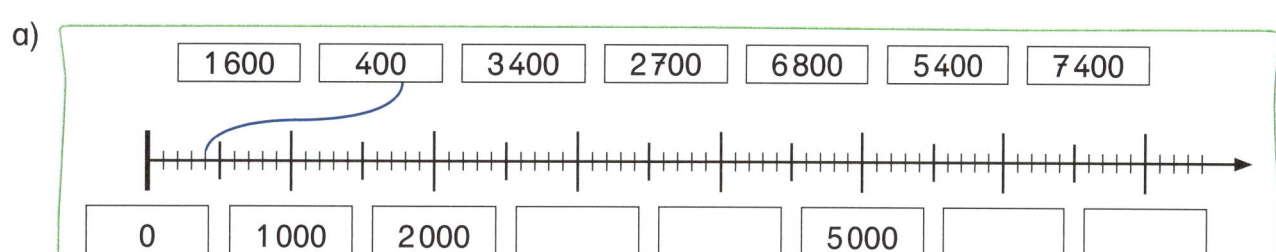

b)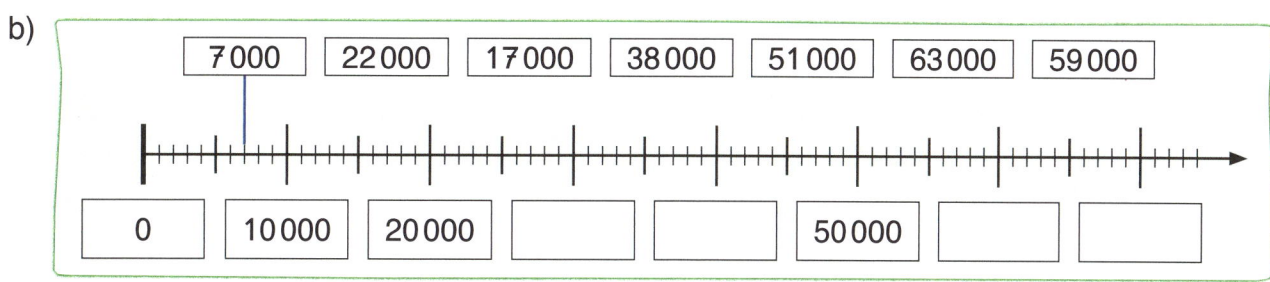

② a) Zwischen welchen Zehntausendern liegen diese Zahlen?
Male den Zehntausender an, der näher liegt.

10 000	17 325	20 000		52 154	
	65 287			35 000	
	41 836			83 469	

b) Zwischen welchen Tausendern liegen diese Zahlen?
Male den Tausender an, der näher liegt.

3 000	3 745	4 000		89 594	
	1 205			54 407	
	7 364			36 272	

c) Nachbarzahlen

Vorgänger		Nachfolger	Vorgänger		Nachfolger
8 712	8 713	8 714		92 725	
	5 689			68 400	
	9 999			15 000	

Schreibe Nachbarzahlen in dein 📖.

Zahlen am Zahlenstrahl bis 100 000 ②

SB S. 40/41

1 Zähle in Schritten weiter.

a) 45 000, 50 000, 55 000, _____, _____, _____, 75 000

9 700, 9 800, 9 900, _____, _____, _____, 10 300

67 870, 67 900, 67 930, _____, _____, _____, 68 050

b) 78 000, 76 000, 74 000, _____, _____, _____, 66 000

83 000, 80 000, 77 000, _____, _____, _____, 65 000

45 625, 45 620, 45 615, _____, _____, _____, 45 595

★ c) 33 645, 33 650, 33 660, 33 675, _____, _____, 33 750

54 367, 54 370, 54 340, 54 343, _____, _____, 54 286

2 Vergleiche mit ⟨<⟩, ⟨>⟩, ⟨=⟩.

9 613 ◯ 9 617	84 666 ◯ 86 466	36 704 ◯ 36 407
4 808 ◯ 4 088	9 248 ◯ 2 984	77 598 ◯ 17 598
7 252 ◯ 7 252	61 782 ◯ 61 783	49 262 ◯ 49 262
2 671 ◯ 6 271	99 999 ◯ 19 999	18 236 ◯ 18 237

3 Zahlenrätsel

a) Meine Zahl ist fünfstellig und größer als 90 000. Alle Ziffern sind gleich. Wie heißt die Zahl?

b) Meine Zahl liegt zwischen 48 000 und 49 000. Sie hat als Ziffern viermal die Vier. Wie heißt sie?

c) Meine Zahl ist die kleinste sechsstellige ungerade Zahl. Schreibe sie auf.

d) Meine Zahl liegt genau in der Mitte zwischen 25 000 und 30 000. Wie heißt sie?

e) Meine Zahl ist um 30 000 kleiner als die größte fünfstellige Zahl. Wie heißt sie?

Kopfrechnen bis 100 000: addieren und subtrahieren

SB S. 42/43

① Rechne. Achte auf die Stellenwerte.

HT	ZT	T	H	Z	E		
	3	4	1	2	3	+ 40	= _____
	3	4	1	2	3	+ 400	= _____
	3	4	1	2	3	+ 40 000	= _____
	3	4	1	2	3	+ 4	= _____
	3	4	1	2	3	+ 4 000	= _____

HT	ZT	T	H	Z	E		
	4	5	8	6	7	− 3 000	= _____
	4	5	8	6	7	− 300	= _____
	4	5	8	6	7	− 30 000	= _____
	4	5	8	6	7	− 3	= _____
	4	5	8	6	7	− 30	= _____

② Von leichten zu schwierigen Aufgaben

a) 35 000 + 40 000 = _____
35 000 + 42 000 = _____
35 700 + 42 000 = _____
35 700 + 42 100 = _____
35 760 + 42 100 = _____
35 760 + 42 130 = _____

b) 85 000 − 20 000 = _____
85 000 − 22 000 = _____
85 300 − 22 000 = _____
85 300 − 22 100 = _____
85 360 − 22 100 = _____
85 360 − 22 140 = _____

③ Ergänze.

1 000 — 300, 20, 410, 760

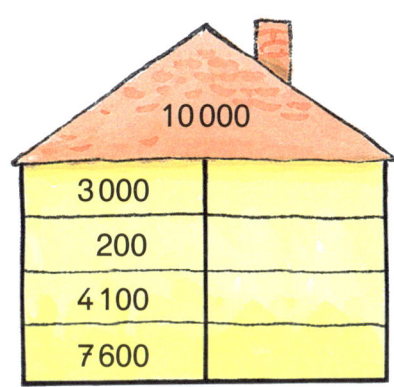

10 000 — 3 000, 200, 4 100, 7 600

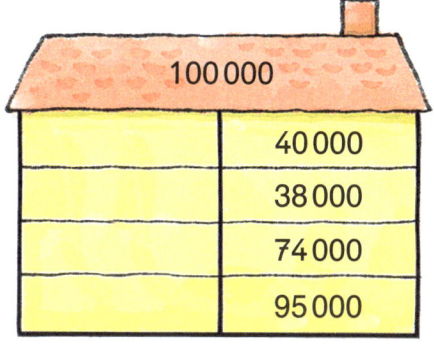

100 000 — 40 000, 38 000, 74 000, 95 000

④ Verbinde Aufgabe und Ergebnis.

a)
36 000 + 15 000   54 000
38 000 + 16 000   52 000
34 000 + 18 000   51 000

b)
62 000 − 34 000   27 000
65 000 − 36 000   28 000
64 000 − 37 000   29 000

c)
78 930 + 200   79 110
78 820 + 290   79 020
78 998 + 22   79 130

d)
46 130 − 200   45 920
46 270 − 350   45 930
46 008 − 93   45 915

Kopfrechnen bis 100 000: multiplizieren und dividieren

SB S. 44/45

1 Rechne.

61 · 10 = ____	28 000 : 10 = ____	84 000 : 1 000 = ____
61 · 100 = ____	28 000 : 100 = ____	100 · 84 = ____
61 · 1 000 = ____	28 000 : 1 000 = ____	84 000 : 100 = ____
610 · 100 = ____	2 800 : 100 = ____	10 · 8 400 = ____

2 Merkaufgaben

Diese Aufgaben merke ich mir.

100	1000	10 000	100 000
2 · ___	2 · ___	2 · ___	2 · ___
4 · ___	4 · ___	4 · ___	4 · ___
5 · ___	5 · ___	5 · ___	5 · ___
10 · ___	10 · ___	10 · ___	10 · ___

3 Aufgabenfamilien

a)  8 · 4

8 · 40 = ____
80 · 40 = ____
8 · 400 = ____
80 · 400 = ____
800 · 40 = ____

b)  3 · 7

3 · 70 = ____
30 · 7 = ____
3 · 700 = ____
300 · 7 = ____
300 · 70 = ____

c)  9 · 6

9 · 60 = ____
90 · 6 = ____
900 · 6 = ____
9 · 600 = ____
900 · 60 = ____

4 Beim Dividieren hilft die Umkehraufgabe. Rechne.

a)
8 100 : 9 = ____
____ · 9 = 8 100

56 000 : 70 = ____

b)
54 000 : 600 = ____

3 500 : 5 = ____

c)
7 200 : 80 = ____

280 000 : 4 000 = ____

Knifflige Aufgaben ①

① Thomas hat 320 Sammelkarten.
Es sind dreimal so viele Fußballkarten wie Autokarten.

Wie viele Fußballkarten hat er?

Tipp: Das 3-fache und das 1-fache zusammen sind 4 Teile.

A: _____

② Auf dem See schwimmen Enten und Schwäne.
Zusammen sind es 85 Tiere.
Es sind 31 Schwäne weniger als Enten.

Wie viele Schwäne und Enten sind es?

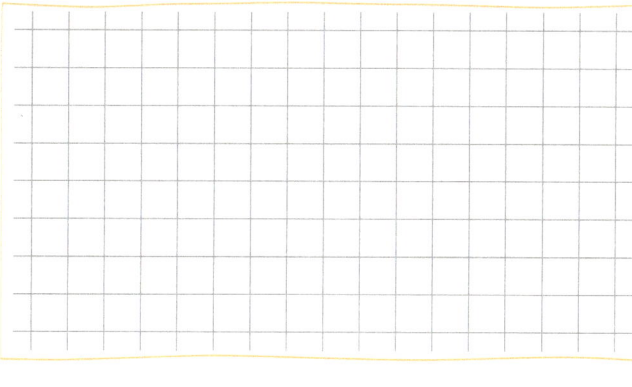

Ich probiere es mit einer Tabelle.

Enten	Schwäne	Unter-schied
50	35	15
...	...	...

Ich rechne im Kopf.

A: _____

③ Lasse und seine Schwester haben zusammen 124 € gespart. Lasse hat 26 € mehr.

Wie viel Geld hat jeder?

A: _____

Knifflige Aufgaben ②   SB S. 46/47

① Sophie geht um 14.00 Uhr von Dorfen in das 3 km 750 m entfernte Hausheim. In einer Minute schafft sie 80 m. Zur gleichen Zeit geht Anna von Hausheim in Richtung Dorfen. Sie schafft in einer Minute 70 m.

Wann treffen sie sich? Zeichne und rechne.

	Sophie	Anna	zusammen
1 min	80 m	70 m	
5 min			

A: _____

② Igor radelt um 10.00 Uhr von Talheim ins 45 km entfernte Bergdorf. Er fährt 18 km in der Stunde. Paul startet um dieselbe Zeit von Bergdorf nach Talheim, er fährt 12 km in der Stunde.

Wann treffen sie sich? Zeichne und rechne.

	Igor	Paul	zusammen
1 h	18 km	12 km	
30 min			

A: _____

 ③ Ein Autobahntunnel soll 4 200 m lang werden. 1 800 m sind bereits fertiggestellt. Die Baufirma arbeitet von beiden Seiten gleichzeitig. Täglich werden auf der einen Seite 32 m, auf der anderen Seite 28 m fertiggestellt. Nach wie vielen Arbeitstagen ist der Tunnel fertig?

	eine Seite	andere Seite	zusammen
1 Tag	32 m	28 m	
10 Tage			

A: _____

Grundwissen ②

SB S. 48/49

1 Rechne. Die kleine Aufgabe hilft.

7 · 30 = ____   8 · 60 = ____   360 : 6 = ____   720 : 9 = ____   280 : 40 = ____

7 · 3 = ____   8 · 6 = ____   36 : 6 = ____   72 : 9 = ____   28 : 4 = ____

2 Rechne auf deinem Weg.

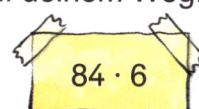
84 · 6

598 : 6

3 Eine Zahl – drei Schreibweisen

		HT	ZT	T	H	Z	E	
34 502			3	4	5	0	2	3ZT 4T 5H 2E
71 024								
			1	0	2	0	7	6
				6	7	7	3	0

4 Ergänze.

a)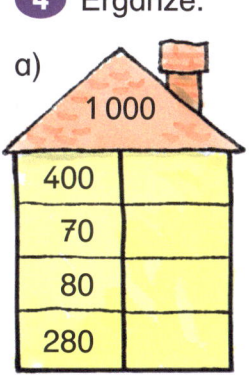

1 000 — 400, 70, 80, 280

10 000 — 4 000, 700, 800, 2 800

b)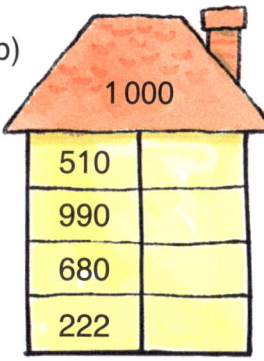

1 000 — 510, 990, 680, 222

100 000 — 51 000, 99 000, 68 000, 22 200

5 In einem Säckchen sind 5 Würfel. Emma hat 50-mal gezogen.
Welche Aussagen könnten stimmen? Kreuze an ⊗.

a)
blau	|||| ||||			
gelb	|||| |||| |||| |||| |||| ||||			
rot					
grün	|||| |||| ||||			

○ Es sind sicher alle 4 Farben im Säckchen.

○ Es ist eher wahrscheinlich, dass es mehr gelbe als blaue Würfel sind.

○ Es ist möglich, dass ein roter Würfel im Säckchen ist.

○ Es könnten gleich viele blaue und grüne Würfel sein.

31

Bist du fit? ②

SB S.48/49

1 Rechne auf deinem Weg.

a)
43 · 7 = _____
5 · 96 = _____
283 · 6 = _____

b)
246 : 6 = _____
441 : 7 = _____
641 : 9 = _____

2 Trage die Zahlen in die Stellenwerttafel ein.

HT	ZT	T	H	Z	E

sechsunddreißigtausendzwei
dreiundfünfzigtausendfünfhundertzwölf
neunundneunzigtausendsiebenundsiebzig
sechzigtausendachthundertsechsundvierzig

3 a)
7 800 + 360 = _____
3 994 + 8 = _____
24 940 + 200 = _____
59 996 + 9 = _____

b)
6 300 – 520 = _____
7 006 – 7 = _____
23 280 – 400 = _____
60 037 – 50 = _____

4 Ben spielt mit Simon „Welche Farbe wird am öftesten gezogen?" Diese Farbe gewinnt.
Ben wählt „Blau", Simon wählt „Grün".

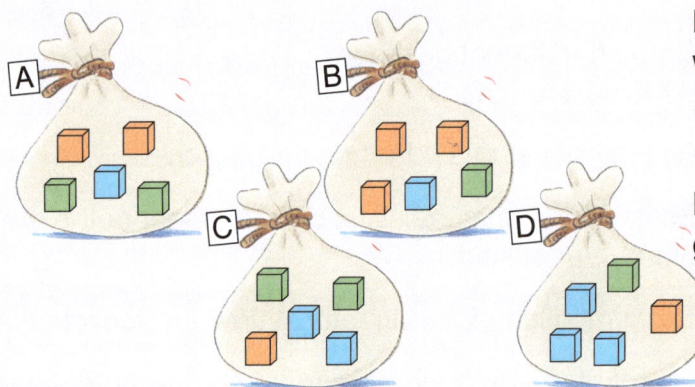

Bei welchem Säckchen ist es eher wahrscheinlich, …
… dass Ben gewinnt? Säckchen ___
… dass Simon gewinnt? Säckchen ___

Bei welchen Säckchen haben beide die gleichen Chancen zu gewinnen?
Säckchen ___ und ___

Geo-Burgen

SB S. 50/51

1 Zähle die Körper.

____ Würfel ____ Quader ____ Kegel

____ Zylinder ____ Kugeln ____ Pyramiden

Der Würfel ist ein besonderer Quader.

Färbe die Würfel blau, die Quader gelb, die Kegel rot, die Zylinder braun, die Kugeln grün, die Pyramiden schwarz und die Prismen lila.

2 Wer sieht welches Gebäude so? Trage den richtigen Buchstaben und den Namen ein.

_C_ _Simsala_   ___ _____   ___ _____   ___ _____

___ _____   ___ _____   ___ _____

3 Gebäude von unten: Trage den richtigen Buchstaben ein.

a) _H_   b) ___   c) ___   d) ___

33

Der Quader

SB S. 52/53

1 Aus diesen Flächen kannst du zwei verschiedene Quader bauen.
Färbe die Flächen mit zwei unterschiedlichen Farben.

2 Fülle die Tabelle aus.

	Anzahl der Kanten	Anzahl der Ecken	Anzahl der Flächen	Flächenformen (Quadrat, Rechteck)
Würfel				
Quader				

3 Immer 2 Teile ergeben einen Quader. Male sie mit der gleichen Farbe aus.

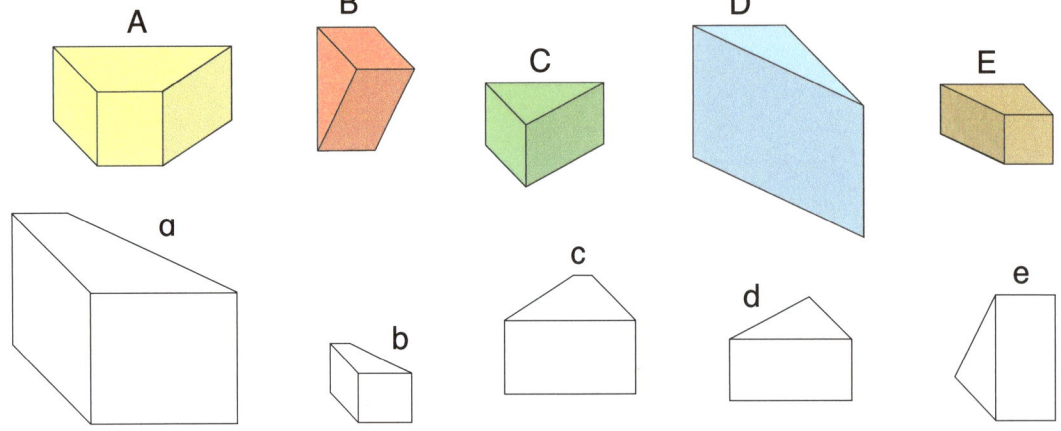

4 Wie viel Geschenkband brauchst du, um das Paket zu schmücken?
Für die Knoten und die Schleife benötigst du 80 cm Band.

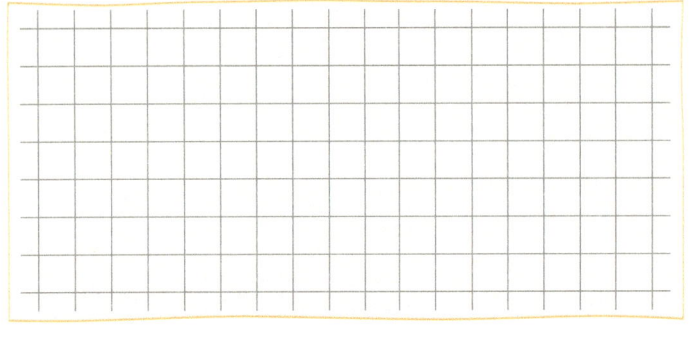

A: _____

34

Würfelnetze – Quadernetze

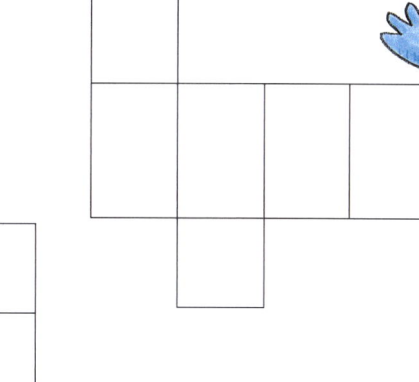

SB S. 54/55

① Färbe bei den Quadernetzen die Flächen gleich, die sich beim gefalteten Quader gegenüberliegen.

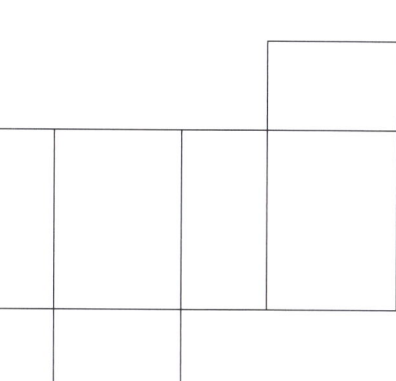

Der Würfel ist ein besonderer Quader.

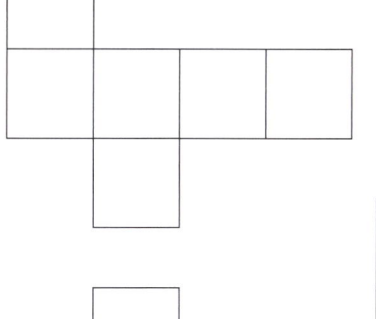

② Ergänze zu vollständigen Quadernetzen.

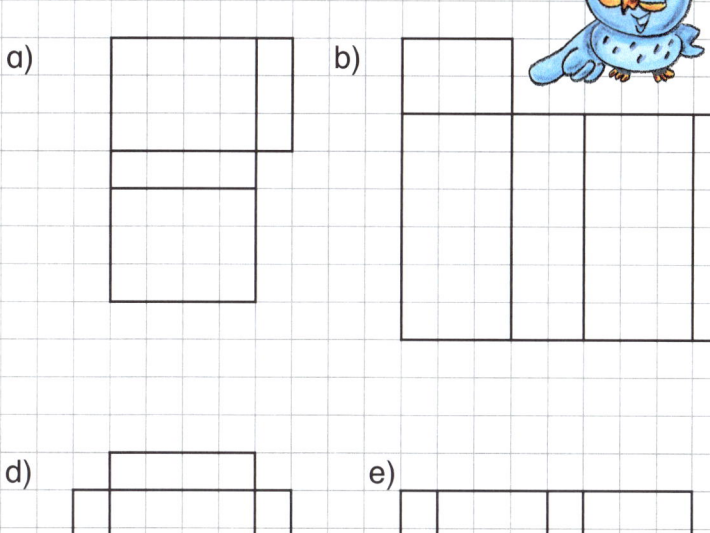

Du kannst die Quadernetze auch auf Karopapier nachzeichnen, ausschneiden und dann durch Falten überprüfen.

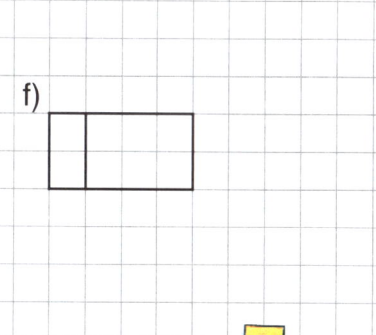

Zeichne weitere Quadernetze auf Karopapier, schneide sie aus und klebe sie in dein .

35

In Schritten zur Million

SB S. 56/57

1) Trage die Zahlen – nach der Größe geordnet – in die Stellenwerttafel ein.

M	HT	ZT	T	H	Z	E
				1	2	7

127
_____
_____
_____
_____
_____
_____
_____

Schaffst du auch die ⭐-Aufgaben?

2) a) Kreise die Stellen ein, die zusammengehören. Verbinde mit dem passenden Zahlwort.

b) Schreibe die Zahlen von a) auf. Achte auf die Leselücke.

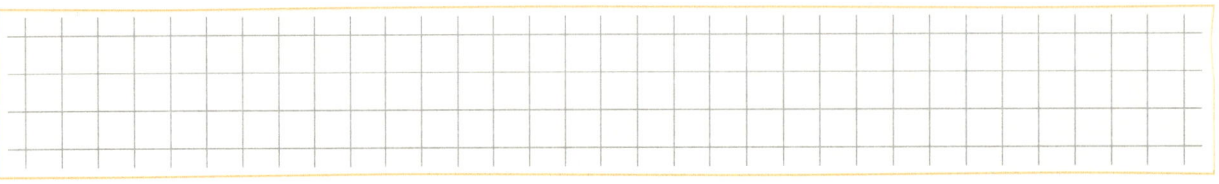

Legen, spielen, rechnen bis zur Million

SB S. 58/59

1. Kreise immer die Stellen ein, die du beim Lesen zusammenfasst. Lies die Zahlen dann vor. Schreibe sie mit Leselücken auf.

a) (34)(617) b) 903122

461789 3400351

1176663 30012

2. Verbinde jede Sprechblase mit der passenden Zahlenkarte.

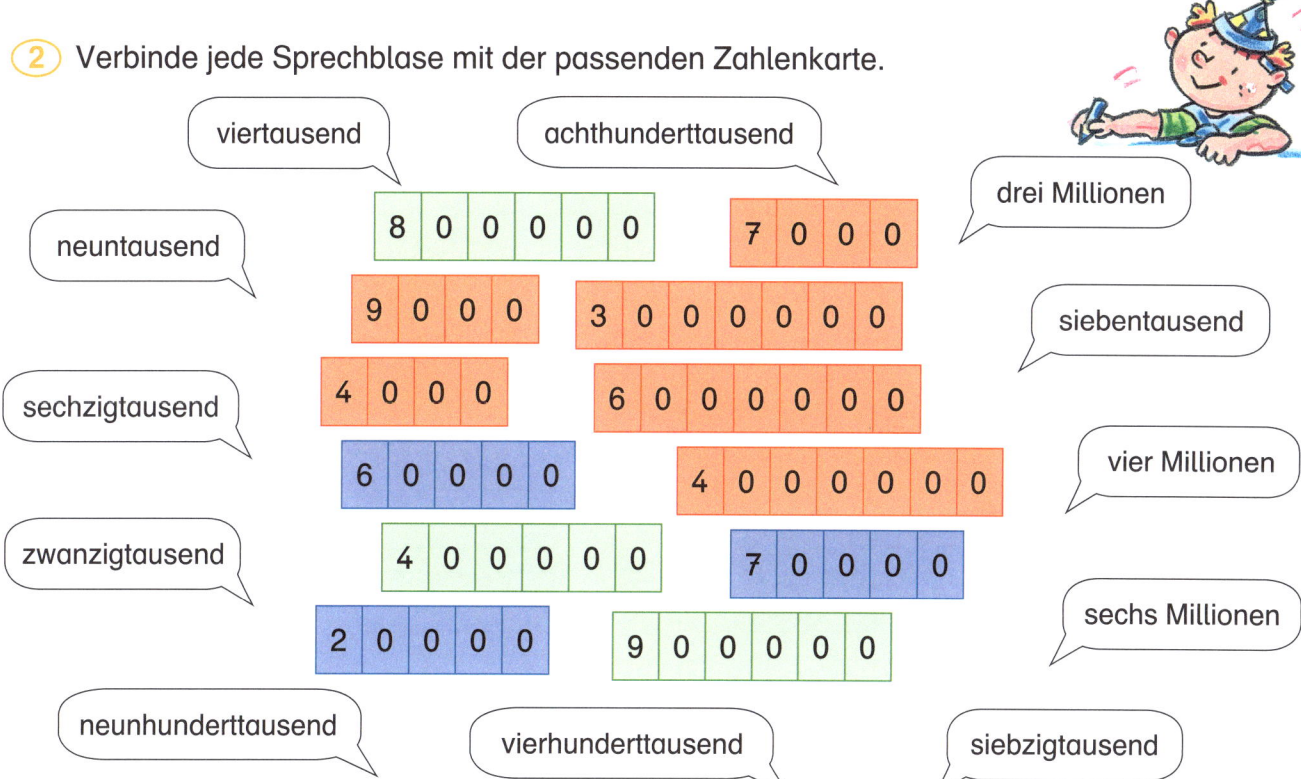

viertausend, achthunderttausend, drei Millionen, neuntausend, siebentausend, sechzigtausend, vier Millionen, zwanzigtausend, sechs Millionen, neunhunderttausend, vierhunderttausend, siebzigtausend

3. Unterteile die Zahlwörter so, dass du sie gut lesen kannst. Verbinde Zahlwort und Zahl.

Zahlwort	Zahl
vierunddreißigtausendzweihundertfünfunddreißig	7 560
achthundertdreißigtausendneunhundertvierundvierzig	34 235
siebentausendfünfhundertsechzig	3 400 000
siebzigtausend	70 000
eintausendsechshundertdreiundvierzig	830 944
vierhundertdreiundzwanzigtausendzwölf	1 643
⭐ drei Millionen vierhunderttausend	423 012

Zahlen am Zahlenstrahl bis zur Million ①

SB S. 60/61

1 Ergänze die fehlenden Zahlen und ordne die Kärtchen richtig zu.

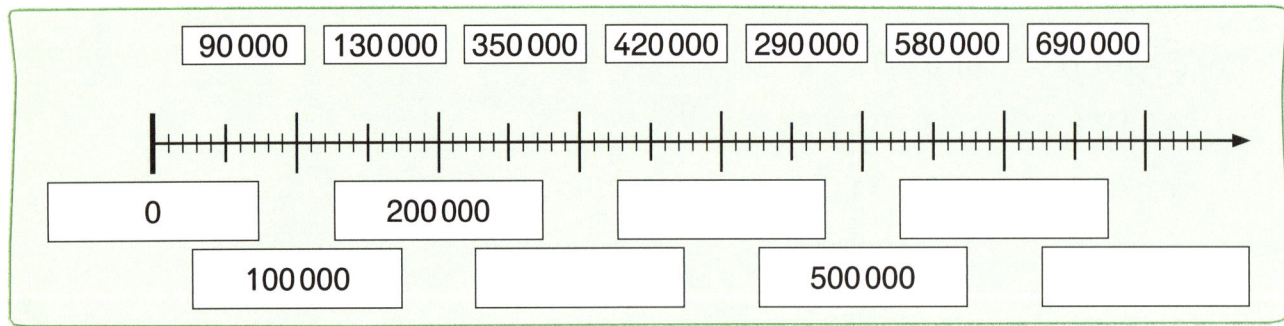

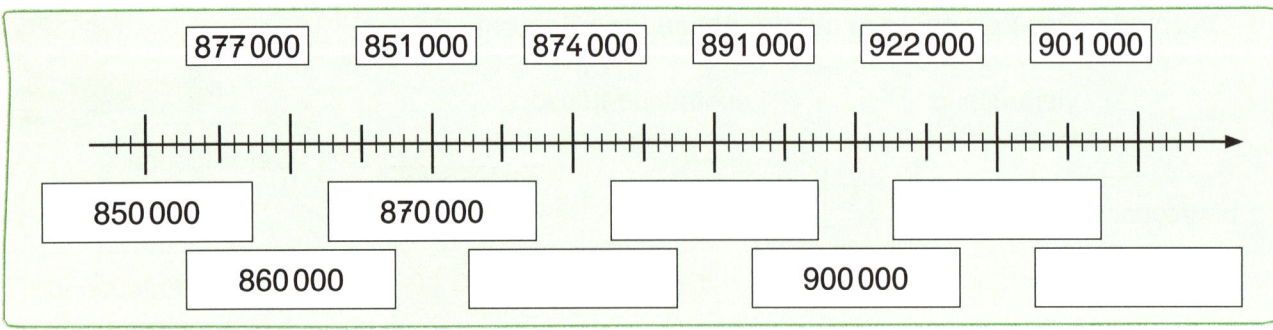

2 a) Zwischen welchen Hunderttausendern liegen die Zahlen? Male den Hunderttausender an, der näher liegt.

400 000	467 831	500 000		63 064	
	506 340			745 989	
	770 651			342 567	

b) Zwischen welchen Zehntausendern liegen die Zahlen? Male den Zehntausender an, der näher liegt.

460 000	467 831			63 064	
	506 340			745 989	
	770 651			342 567	

c) Nachbarzahlen

Vorgänger		Nachfolger	Vorgänger		Nachfolger
599 999	600 000	600 001		40 000	
	200 000			70 000	
	900 000			20 000	

Schreibe Zahlen und ihre Nachbarzahlen in dein 📖.

Zahlen am Zahlenstrahl bis zur Million ②

SB S. 60/61

① Zähle in Schritten weiter.

a) 150 000, 200 000, 250 000, __300 000__, _____, _____, 450 000

670 000, 677 000, 684 000, _____, _____, _____, 712 000

199 995, 199 997, 199 999, _____, _____, _____, 200 007

b) 80 000, 79 500, 79 000, _____, _____, _____, 77 000

540 900, 540 500, 540 100, _____, _____, _____, 538 500

265 612, 265 609, 265 606, _____, _____, _____, 265 594

⭐ c) 492 390, 492 391, 492 393, 492 396, _____, _____, 492 411

506 110, 506 105, 506 095, 506 090, _____, _____, 506 065

97 683, 97 693, 97 690, 97 700, _____, _____, 97 704

② Vergleiche mit <, >, =.

506 340 ◯ 560 340	65 340 ◯ 560 430	506 034 ◯ 506 034
234 567 ◯ 243 567	642 576 ◯ 534 257	889 888 ◯ 888 988
673 957 ◯ 391 004	78 462 ◯ 673 856	672 890 ◯ 672 890

③ Zahlenrätsel

a) Meine Zahl liegt genau in der Mitte zwischen 200 000 und 230 000. Welche Zahl ist es?

b) Meine Zahl hat dreimal die Ziffer 7 und dreimal die 5. Sie ist die größte Zahl, die man mit diesen Ziffern bilden kann. Wie heißt die Zahl?

c) Bilde die kleinste Zahl aus den Ziffern 0, 1, 2, 3, 4, 5, die zwischen 500 000 und 600 000 liegt.

d) Meine Zahl ist sechsstellig. Sie ist kleiner als 500 000, aber größer als 400 000. Alle Zahlen sind gleich. Wie heißt meine Zahl?

 Schreibe Zahlenrätsel in dein 📖.

Kopfrechnen bis 1 000 000: addieren und subtrahieren

SB S. 62/63

1 Rechne. Achte auf die Stellenwerte.

a)

HT	ZT	T	H	Z	E			
4	2	1	3	4	4		+ 50 000	= _____
4	2	1	3	4	4		+ 50	= _____
4	2	1	3	4	4		+ 500 000	= _____
4	2	1	3	4	4		+ 5 000	= _____

b)

HT	ZT	T	H	Z	E			
7	6	8	9	5	7		− 40 000	= _____
7	6	8	9	5	7		− 4	= _____
7	6	8	9	5	7		− 400	= _____
7	6	8	9	5	7		− 400 000	= _____

2 Von leichten zu schwierigen Aufgaben

a) 240 000 + 520 000 = _____
    245 000 + 520 000 = _____
    245 000 + 524 000 = _____
    245 300 + 524 000 = _____
    245 300 + 524 600 = _____

b) 870 000 − 350 000 = _____
    874 000 − 350 000 = _____
    874 000 − 353 000 = _____
    874 400 − 353 000 = _____
    874 400 − 353 200 = _____

3 Ergänze.

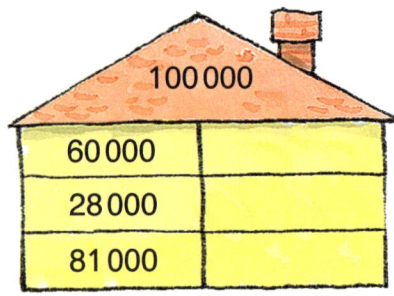

100 000		1 000 000		1 000 000	
60 000		600 000			300 000
28 000		280 000			450 000
81 000		810 000			790 000

4 Schriftlich oder im Kopf?

554 399 + 396 012 = _____
250 000 + 270 000 = _____
276 501 + 384 807 = _____
587 000 + 20 000 = _____

438 793 − 286 925 = _____
710 000 − 460 000 = _____
980 600 − 10 500 = _____
736 290 − 399 017 = _____

Kopfrechnen bis 1 000 000: multiplizieren und dividieren   SB S. 64/65

1 Netze mit Mal- und Geteiltaufgaben: Finde weitere Aufgaben.

2 Denke an die kleine Aufgabe. Rechne.

800 · 400 = _____   70 · 600 = _____   3 000 · 90 = _____

80 · 40 = _____   7 · 60 000 = _____   30 · 9 000 = _____

3 Finde zu den folgenden Produkten passende Multiplikationsaufgaben.

600 · 400 = 240 000   _____ = 3 600   _____ = 72 000

_____ = 240 000   _____ = 3 600   _____ = 72 000

_____ = 240 000   _____ = 3 600   _____ = 72 000

4 Im Kopf oder halbschriftlich? Rechne.

220 000 · 4 = _____

97 720 : 70 = _____

540 060 : 60 = _____

Flüssigkeiten schätzen und messen – Milliliter und Liter SB S.66/67

① Ergänze die Tabelle.

In jeder Zeile genau 1 Liter!

	500 ml	100 ml	750 ml	200 ml	250 ml
1 l	1	1	0	2	0
1 l			1		
1 l				1	2
1 l		3	0		0
1 l				3	
1 l	0	5			

② Ergänze auf 1 Liter.

③ Ergänze auf 1 Liter. Es gibt mehrere Lösungen. Überprüfe durch Messen.

④ a) Familie Mader besitzt einen Sprudelautomaten und 4 Flaschen. Jede Flasche fasst genau 1 Liter. Für wie viele Trinkgläser (je 250 ml) reicht das Wasser, wenn alle 4 Flaschen gefüllt sind?

A: _____

b) Julian behauptet: „In einer Woche trinken wir 100 Liter." Kann das stimmen?

Rechnen mit Millilitern und Litern

SB S. 68/69

① Zeichne ein: 1 l, $\frac{1}{2}$ l, $\frac{1}{4}$ l, $\frac{1}{8}$ l. Rechne in Milliliter um.

1 l = _____ ml $\frac{1}{2}$ l = _____ ml $\frac{1}{4}$ l = _____ ml $\frac{1}{8}$ l = _____ ml

② Wie viel fehlt zum Liter? Ergänze. Überprüfe durch Nachrechnen.

$\frac{1}{2}$ l + __ = 1l $\frac{1}{4}$ l + $\frac{1}{4}$ l + __ = 1l $\frac{1}{4}$ l + $\frac{1}{4}$ l + $\frac{1}{4}$ l + __ = 1l $\frac{1}{2}$ l + $\frac{1}{4}$ l + __ = 1l

③ Verbinde die Bilder mit den Angaben. Ergänze die fehlenden Angaben.

1 l — 1000 ml $\frac{1}{4}$ l — _____ ml $\frac{1}{2}$ l — _____ ml $\frac{3}{4}$ l — _____ ml

④ Stell dir vor, du müsstest ein Plantschbecken (200 l) mithilfe von $\frac{1}{4}$-l-Trinkgläsern füllen. Das Befüllen jedes Glases dauert 15 s. Wie viel Zeit brauchst du insgesamt?

A: _____

Wasser ist kostbar

SB S. 70/71

1 Eine Person verbraucht im Durchschnitt pro Tag 120 l Wasser.

Wie hoch ist der Wasserverbrauch einer 5-köpfigen Familie an einem Tag (in einer Woche)?

A: An einem Tag _____

   In einer Woche _____

2 Ein Toiletten-Spülgang verbraucht 6 l Wasser, für einmal Händewaschen rechnet man 2 l Wasser.

Wie viel Wasser verbraucht eine 5-köpfige Familie täglich (wöchentlich) auf der Toilette, wenn jede Person diese 5-mal pro Tag benutzt?

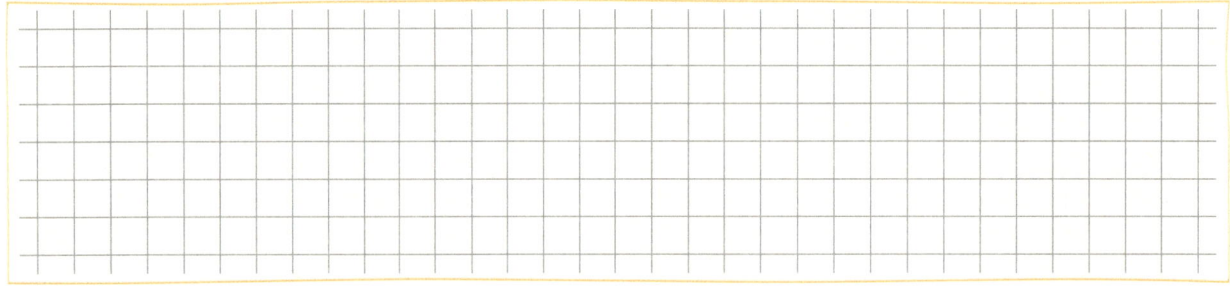

A: Täglich verbraucht _____

   Wöchentlich verbraucht _____

3 Julian und seine Eltern baden einmal pro Woche. Die Erwachsenen benötigen dafür jeweils 150 l Wasser, für Julian reichen 100 l. An den anderen Tagen duschen sie. Dabei verbraucht Julian 60 l Wasser, seine Eltern je 90 l pro Tag.

Wie viel Wasser verbraucht die Familie für Baden und Duschen pro Woche?

A: _____

44

Grundwissen ③

SB S. 72/73

1 Eine Zahl – drei Schreibweisen

	M	HT	ZT	T	H	Z	E
		3	8	1	0	3	4
304 621							

8 HT 4 ZT 3 T 4 H 1 E

5 HT 8 T 8 H 3 Z

2 Ergänze.

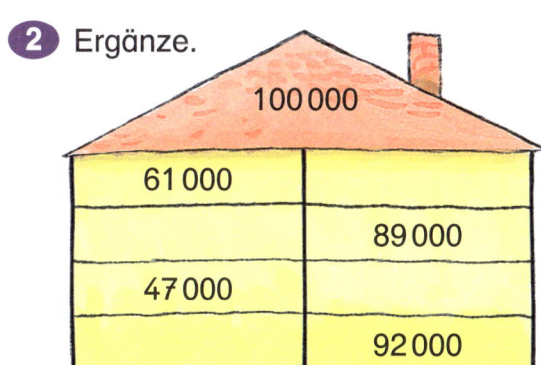

Die kleine Aufgabe hilft.

Haus 1 (100 000): 61 000 | 89 000 | 47 000 | 92 000

Haus 2 (1 000 000): 610 000 | 890 000 | 470 000 | 920 000

3 Rechne mit vollen Zehntausendern.

a)
170 000 + 490 000 = _____
350 000 + 580 000 = _____
660 000 + 340 000 = _____

b)
640 000 − 180 000 = _____
810 000 − 590 000 = _____
760 000 − 270 000 = _____

4 Rechne. Die kleine Aufgabe hilft.

6 000 · 20 = _____   360 000 : 9 = _____   54 000 : 6 = _____
6 · 2 = _____   36 : 9 = _____   54 : 6 = _____
600 · 20 = _____   3 600 : 9 = _____   540 000 : 6 = _____

5 Welche Burg siehst du von wo?   unten   rechts   ?

A   B   C   D

a) Burg __ von _____

b) Burg __ von _____

c) Burg __ von _____

d) Burg __ von _____

45

Bist du fit? ③

SB S. 72/73

1 Trage die Zahlen in die Stellenwerttafel ein.

dreihundertachtzehntausendsechs

vierundsiebzigtausendzweihundertelf

 eine Million achtundsiebzigtausend

M	HT	ZT	T	H	Z	E

2 Ergänze.

Haus 1: 1 000 000 — 230 000, 560 000, 70 000

Haus 2: 1 000 000 — 920 000, 380 000, 60 000

Haus 3: 1 000 000 — 590 000, 130 000, 655 000

3 Rechne.

a)
26 700 + 340 = _____
64 399 + 7 = _____
386 400 + 5 000 = _____
799 996 + 8 = _____

b)
67 800 − 940 = _____
31 004 − 5 = _____
875 700 − 6 000 = _____
400 002 − 300 = _____

4 Multipliziere und dividiere im Kopf. Finde weitere Aufgaben.

40 000 · 3 = _____
400 · 300 = _____
4 · 30 = _____

560 000 : 70 = _____
5 600 : 700 = _____
56 : 7 = _____

5 Ergänze zu vollständigen Quadernetzen. Färbe dann gegenüberliegende Seiten gleich.

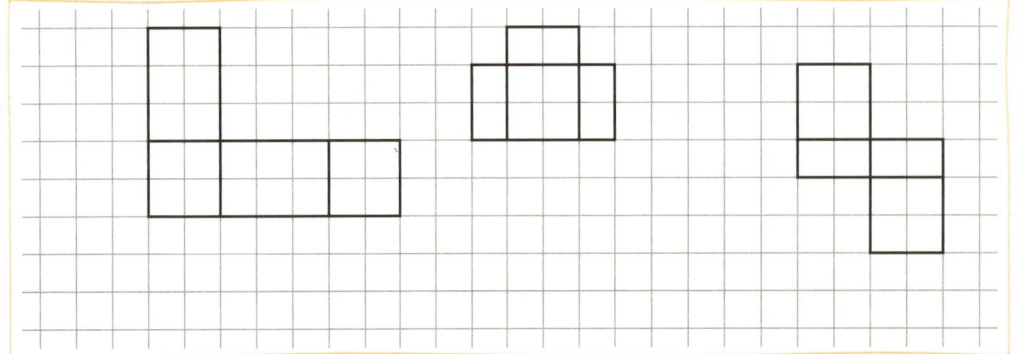

Schriftlich multiplizieren

SB S.74/75

1 Rechne schriftlich.

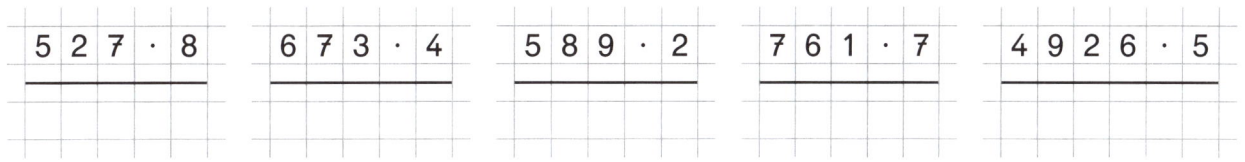

2 Überschlage und ordne die Aufgaben ein.

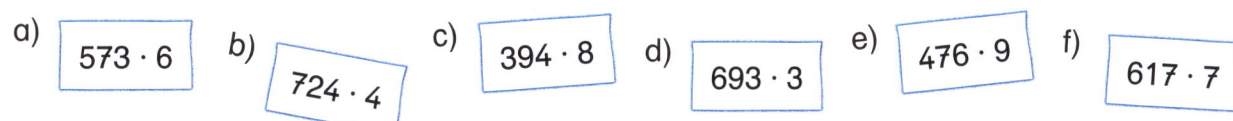

Produkt kleiner als 3000	Produkt zwischen 3000 und 4000	Produkt größer als 4000

a) 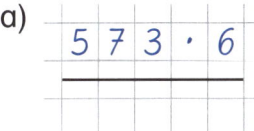 b)  c)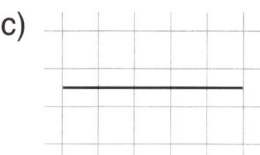

d) 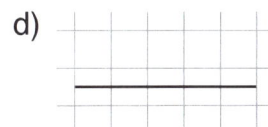 e) 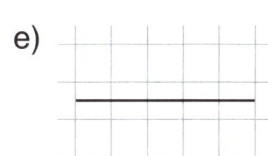 f)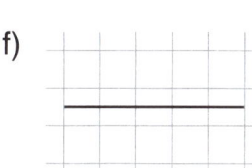

3 Vorsicht, Nullen! Überschlage und rechne.

Ü: 400 · 8 = _____   Ü: _____   Ü: _____

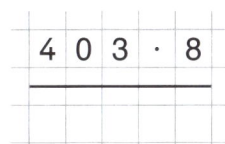   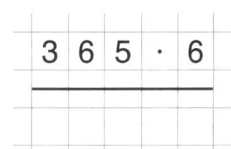   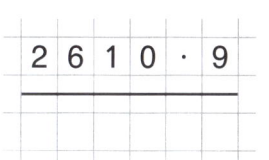

4 Zwei Ergebnisse sind falsch. Streiche die falschen Ergebnisse durch und rechne richtig.

a) 9 4 0 5 · 3   b) 6 0 4 0 · 5   c) 5 0 7 6 · 6   d) 8 0 0 4 · 9
   2 8 2 1 5   3 0 0 0 0   3 0 4 5 6   7 2 3 6

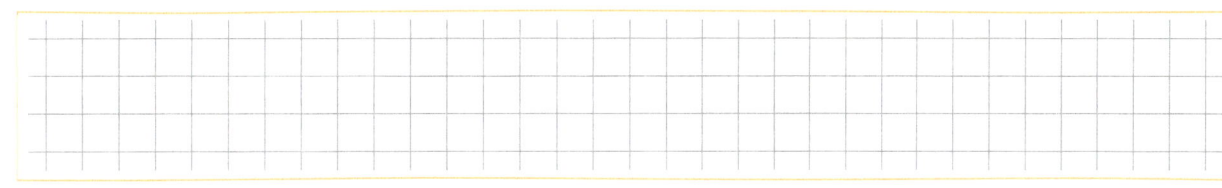

47

Der Null auf der Spur

SB S. 76

1 Rechne schriftlich.

117 · 50   486 · 200   1584 · 400   3003 · 30

103 · 90   807 · 600   2172 · 300   5718 · 70

2 Achte auf die Nullen! Rechne.

a) 806 · 400   767 · 200   707 · 600

b) 509 · 700   362 · 500   403 · 900

Die Ergebnisse in jeder Reihe ergeben zusammen 900 000. Stimmt das?

3 Überschlage zuerst. Rechne dann.

Ü: 4 000 · 50 =   Ü: _____   Ü: _____

3904 · 50   7050 · 600   12105 · 70

4 Ergänze fehlende Ziffern.

☐543 · 7   ☐847 · 6   71☐ · 3   812 · 9
45☐☐☐   35☐☐2   11☐42   883☐8

Schriftlich multiplizieren mit großen Zahlen

SB S. 78/79

1 Rechne schriftlich.

33 · 17   69 · 24   526 · 81   369 · 74

2 a) Wo stecken die Fehler? Verbinde mit dem passenden Tipp.

```
  418 · 76         372 · 15         921 · 32         754 · 98
   2 9 2 6 0         3 7 2 0         2 7 6 3         6 3 5 6 0
 +   2 5 0 2      +  1 8 6 0      +   1 8 4 2      +   5 6 0 2
   3 1 7 6 2         4 5 8 0         4 6 0 5         6 9 1 6 2
```

◯ Einmaleins üben   ◯ auf Gemerktzahlen achten   ◯ Auf die Stellen achten

b) Rechne richtig.

3 Ergänze fehlende Ziffern.

```
  ☐ 2 1 · 3 6      4 ☐ · 2 7       6 4 · 9 9        ☐ 4 3 · 6 5
    1 5 6 ☐ ☐      1 8 9 6 0       ☐ ☐ 3 6 0        4 4 5 8 0
  + ☐ ☐   2 6    + ☐ ☐ ☐ ☐       +     5 4 3 ☐    + ☐ ☐   7 1 5
    ☐ ☐ ☐ ☐ ☐      ☐ ☐ ☐ ☐ ☐       ☐ ☐ ☐ ☐ ☐        ☐ ☐ ☐ ☐ ☐
```

Hier wurde immer zuerst mit dem Zehner multipliziert.

4 Im Kopf oder schriftlich?

370 · 96 = _____

2100 · 30 = _____

6418 · 19 = _____

Viele, viele Malaufgaben

SB S. 80/81

"Zwei Aufgaben kann ich mir sparen."

1 Rechne nur die Aufgaben, deren Ergebnis zwischen 4 000 und 5 000 liegt.

| 5 9 · 7 4 | 2 2 · 2 4 | 4 5 · 9 5 | 6 3 · 7 8 | 8 6 · 4 4 |

2 Wie heißt das Lösungswort? Rechne und trage die Lösungsbuchstaben ein:
☐ ☐ ☐ ☐ R !

| 7 0 5 · 2 6 | 3 2 7 · 8 9 | 8 0 1 · 7 3 | 6 2 8 · 4 4 |

17 763	18 330	24 700	27 632	29 103	36 704	43 721	58 473
B	S	R	E	U	Z	A	P

3 Schöne Ergebnisse

| 4 8 1 · 2 1 | 9 6 2 · 4 2 | 5 5 5 · 9 1 | 1 5 5 4 · 3 9 |

4 Setze die Aufgabenreihe fort. Vermute zuerst, wie das Ergebnis lautet. Überprüfe durch Rechnen.

a)
| 9 0 · 9 0 | 8 9 · 9 1 | 8 8 · 9 2 |

b)
| 7 0 · 7 0 | 7 1 · 6 9 | 7 2 · 6 8 |

Beim Einkaufen – Rechnen mit Kommazahlen ①

SB S. 82/83

① Frau Huber kauft ein. Wie viel muss sie bezahlen?

Einkauf	Einzelpreis	Menge	Gesamtpreis
2 Ananas	2,99 €	2	
5 Kiwis			
Trauben			
3 Salate			
		Summe:	

A: _____

② Melanie und Petra kaufen 1 kg Mandarinen und 4 Kiwis. Sie bezahlen mit einem 5-Euro-Schein. Wie viel Geld bleibt übrig?

A: _____

③ Berechne jeweils den günstigsten Preis.

5 Brötchen	35 ct · 5 =
20 Brötchen	
7 Berliner	
11 Berliner	
3 Kirschtörtchen	
4 Kirschtörtchen	

Beim Einkaufen – Rechnen mit Kommazahlen ②

SB S. 82/83

① Die vierten Klassen der Erich-Kästner-Schule kaufen für das Klassenfest ein:

kg 1,69 € | 250 g 1,19 € | Stück 0,70 € | 500 g Becher 0,79 € | kg 1,79 €

Schreibe immer stellengerecht untereinander.

Einkauf	Einzelpreis	Gesamtpreis
3 Becher Quark		
50 Brezeln	0,70 €	
2 kg Weintrauben		
3 kg Bananen		
2 Päckchen Butter		
Rechne hier oder auf deinem Block.	**Summe:**	

② 50 Butterbrezen, 22 Obstspieße und 25 Becher Früchtequark werden verkauft.

Butterbrezel 1,20 € | Obstspieß 0,50 € | Früchtequark 0,50 €

a) Wie viel wurde eingenommen?

Zusammen:

Brezeln ____ €

Spieße ____ €

Quark ____ €

Summe ____ €

b) Wie viel Geld bleibt am Ende für die Klassenkassen übrig?

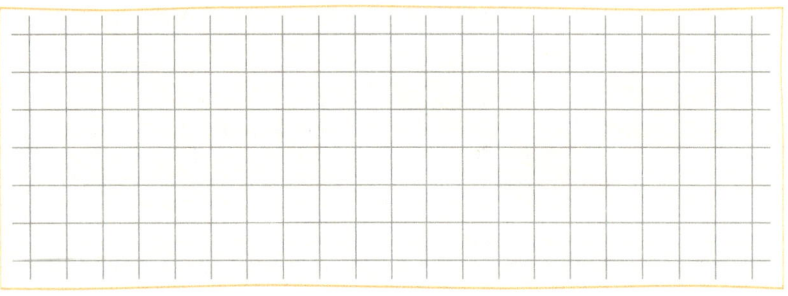

Einnahme: ____ €

Ausgabe: ____ €

Gewinn für die Klassenkassen: ____ €

Kunst mit Zirkel und Geodreieck

SB S. 84/85

① Zeichne um jeden Punkt einen Kreis mit 1,2 cm Radius. Male das fertige Bild aus.

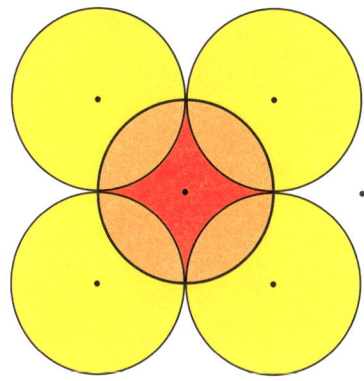

② Zeichne zu jeder Linie 2 Linien, die darauf senkrecht stehen (grün) und 2 parallele Linien (blau). Markiere die rechten Winkel.

ist das Zeichen für „Rechter Winkel".

③ Ergänze die Linien zu Quadraten. Male die Flächen farbig aus.

④ Zeichne Quadrate mit 4 cm Seitenlänge. Zeichne dann die Punkte und die Kreise ein. Male die Figuren farbig an.

 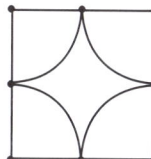 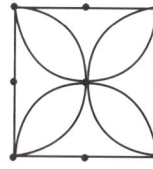

Zeichne solche Figuren in dein .

53

Große Tiere

SB S. 86/87

1 Tierbabys sind bei ihrer Geburt unterschiedlich schwer. Erstaunlich, wie schwer sie als ausgewachsene Tiere sind.

	Tierbaby	ausgewachsenes Tier
Pandabär	100 g	90 kg
Elefant	100 kg	6 t
Känguru	1 g	70 kg
Giraffe	60 kg	1 200 kg
Blauwal	3 t	150 t
Tiger	1 kg	300 kg

a) Ordne die Tiere nach ihrem Geburtsgewicht.

Känguru,

b) Ändert sich die Reihenfolge, wenn die Tiere ausgewachsen sind? Ordne.

c) Welche Tiere wiegen ausgewachsen mehr als 500 kg?

d) Welches ausgewachsene Tier ist leichter als ein erwachsener Mensch (ca. 80 kg)?

2 Welche Aussagen stimmen für die ausgewachsenen Tiere? Kreuze sie an ⓧ.

☐ Ein Tiger ist schwerer als eine Giraffe.
☐ 20 Pandabären sind etwa genauso schwer wie eine Giraffe.
☐ Ein Blauwal ist etwa 25-mal schwerer als ein Elefant.
☐ Ein Känguru ist leichter als ein Pandabär.
☐ 2 Pandas und 2 Kängurus sind leichter als ein Tiger.
☐ Der Blauwal ist schwerer als alle anderen Tiere zusammen.

Braucht ihr hier ein genaues Ergebnis?

3 Berechnet den Nahrungsmittelverbrauch eines Zoo-Elefanten in 2 Tagen, in 10 Tagen und in 30 Tagen. Ergänze die Tabelle.

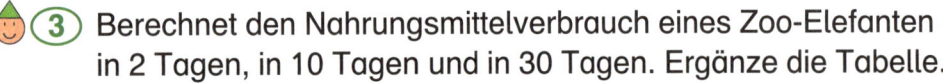

	Heu	Mehl	Brot	Obst/Gemüse	Salz	Laub/Blätter
1 Tag	65 kg	3 kg	2 kg	22 kg	250 g	50 kg
2 Tage						
10 Tage						
30 Tage						

Schriftlich dividieren ①

SB S. 88/89

① Rechne schriftlich.

7 5 2 4 : 6 =

9 5 2 : 8 =

8 3 5 : 5 =

7 7 1 : 3 =

6 5 3 2 : 4 =

9 9 8 2 : 7 =

② Wie viele Stellen hat das Ergebnis? Setze vor dem Rechnen Bögen und Punkte. Begründe.

7 7 2 8 : 8 =

7 1 2 2 : 6 =

2 1 4 8 : 4 =

3 1 7 5 : 5 =

8 6 5 8 : 3 =

3 4 6 5 : 7 =

55

Schriftlich dividieren ②

SB S.88/89

1 So vergisst du keine Stelle: Ziehe Pfeile.

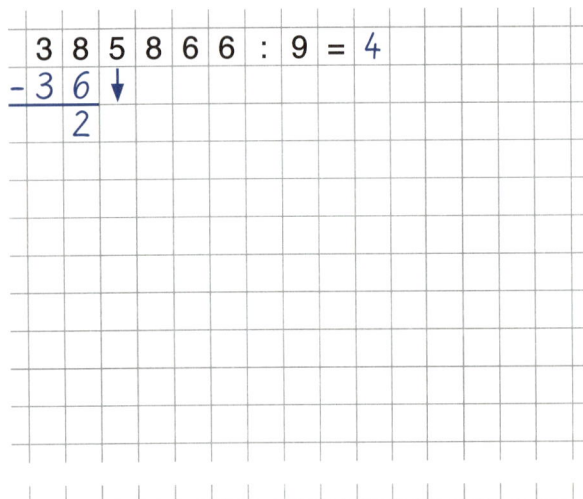

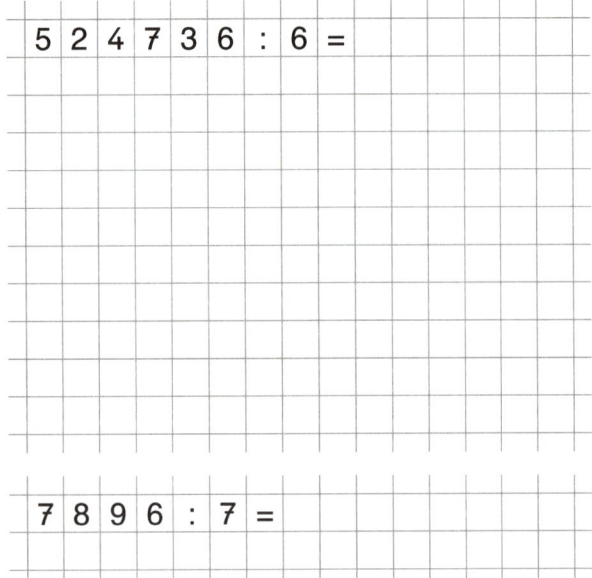

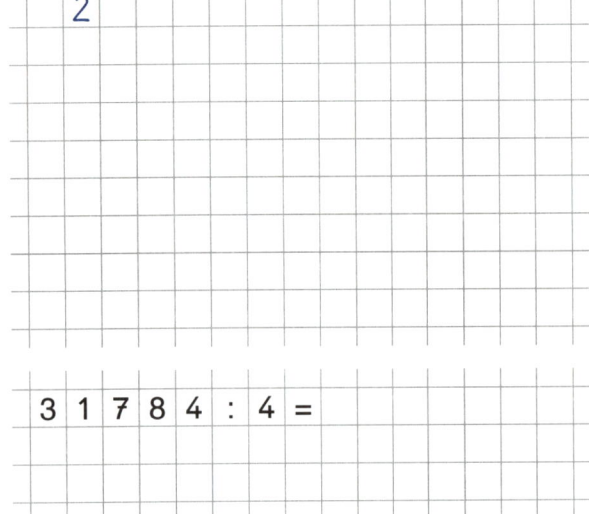

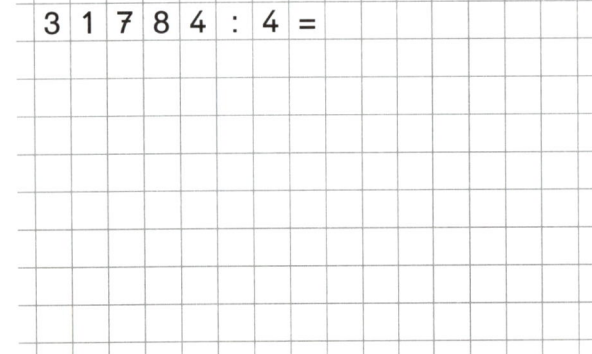

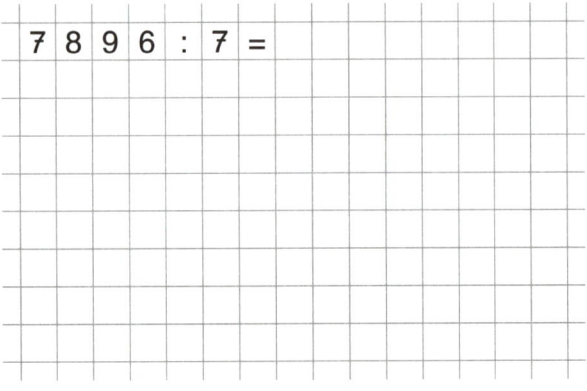

2 Rechne und überprüfe dein Ergebnis.

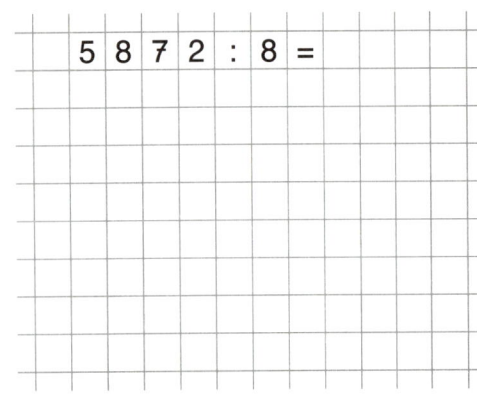

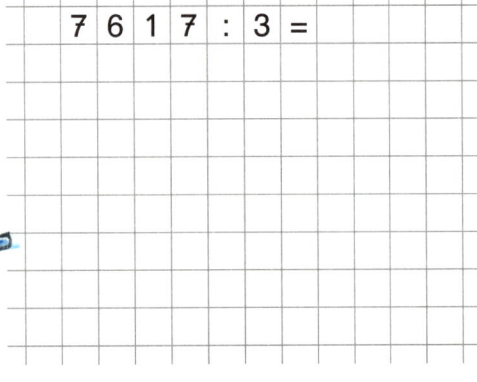

Ü: _____

Ü: _____

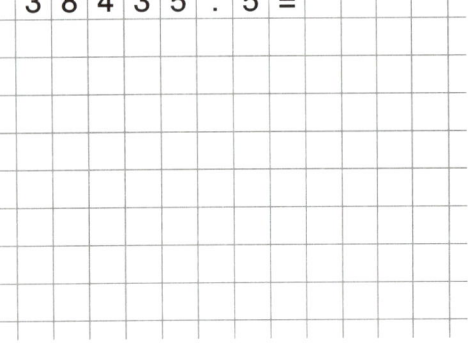

Ü: _____

Ü: _____

Schriftlich dividieren – Vorsicht Nullen!

SB S. 90/91

1 Immer zwei Aufgaben haben das gleiche Ergebnis. Umrahme mit der gleichen Farbe.

14456 : 8 =

4515 : 5 =

570 : 3 =

10842 : 6 =

1140 : 6 =

6321 : 7 =

2 Vorsicht Fehler! Rechne die Aufgaben richtig. Verbinde mit dem richtigen Tipp.

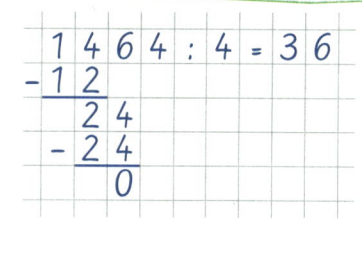
1464 : 4 = 36
−12
  24
−24
   0

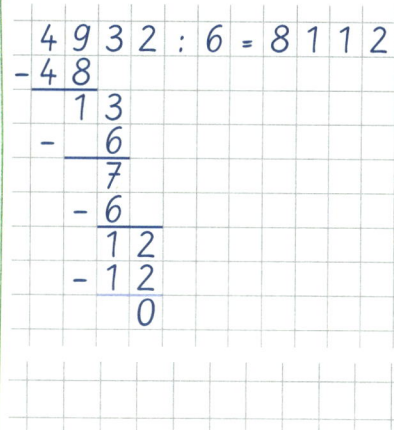
4932 : 6 = 8112
−48
  13
− 6
   7
− 6
  12
−12
   0

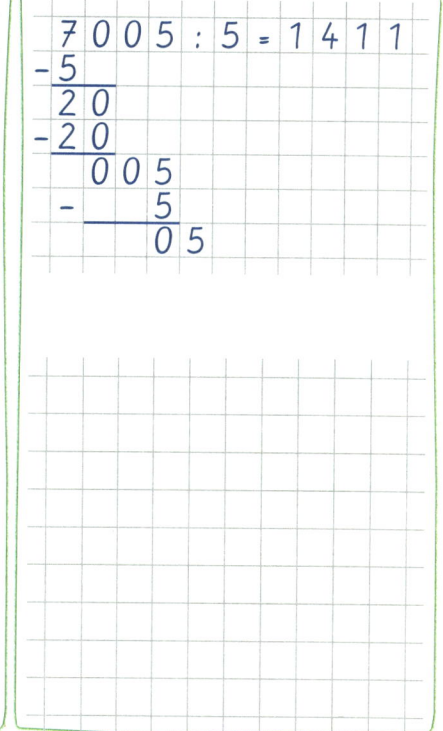
7005 : 5 = 1411
−5
 20
−20
  005
− 5
   05

immer nur eine Stelle herunterholen

Pfeile ziehen

Der Rest muss kleiner als der Teiler sein.

57

Schriftlich dividieren mit kleinen Zahlen

SB S. 92/93

Denke an den Rest.

① Dividiere schriftlich und kontrolliere.

36579 : 6 =

☐☐☐☐ · 6

12893 : 3 =

② Dividiere. Kannst du jeweils die zweite Aufgabe lösen, ohne schriftlich zu rechnen?

73487 : 7 =

49306 : 8 =

73486 : 7 =

49304 : 8 =

Rechne mit Köpfchen!

③ Schriftlich oder im Kopf?
Entscheide selbst und rechne. Du kannst auch auf deinem Block rechnen.

4865 : 5 = _____

80400 : 8 = _____

3824 : 4 = _____

777777 : 7 = _____

6732 : 9 = _____

30060 : 6 = _____

Schriftlich dividieren mit großen Zahlen ①

SB S. 92/93

① Dividiere schriftlich und kontrolliere.

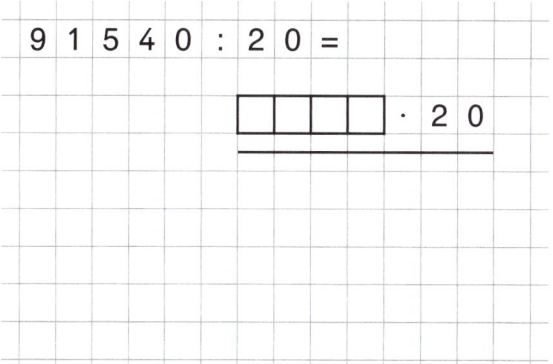

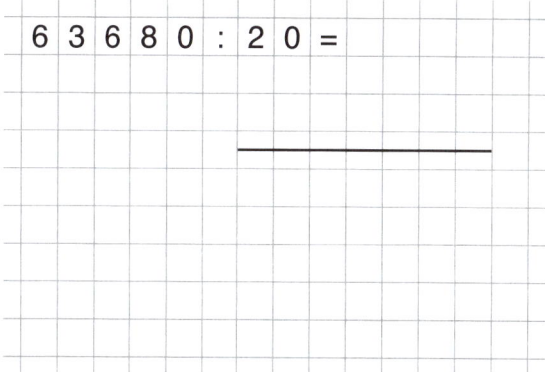

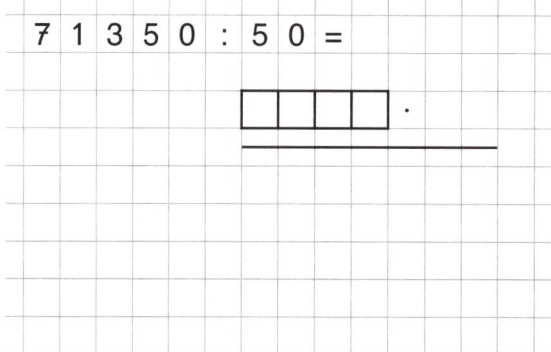

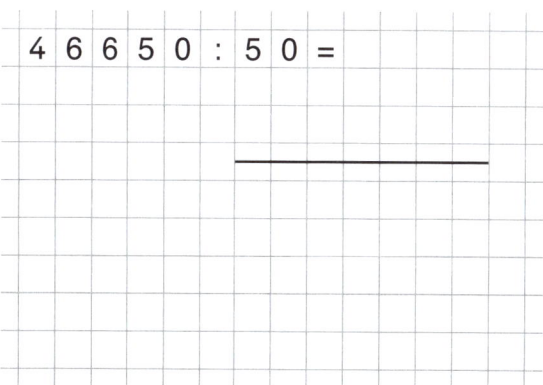

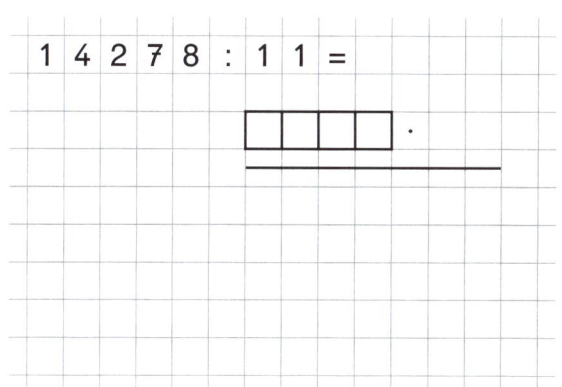

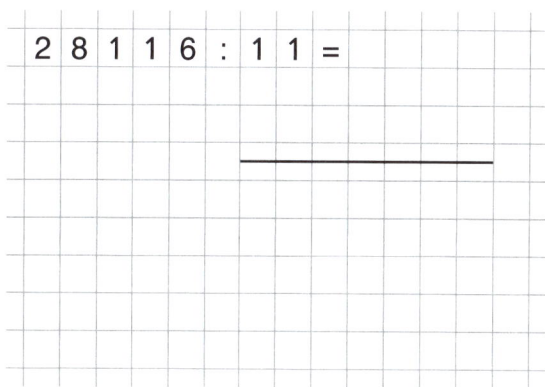

② Besondere Ergebnisse

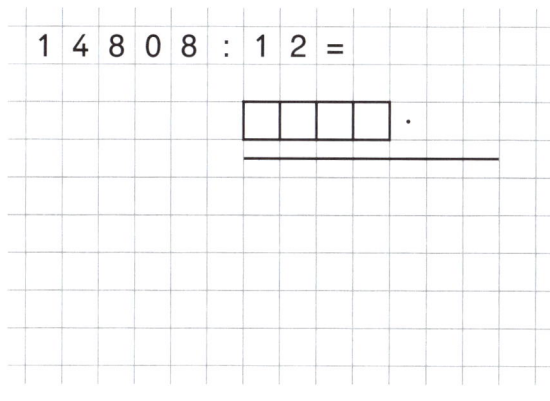

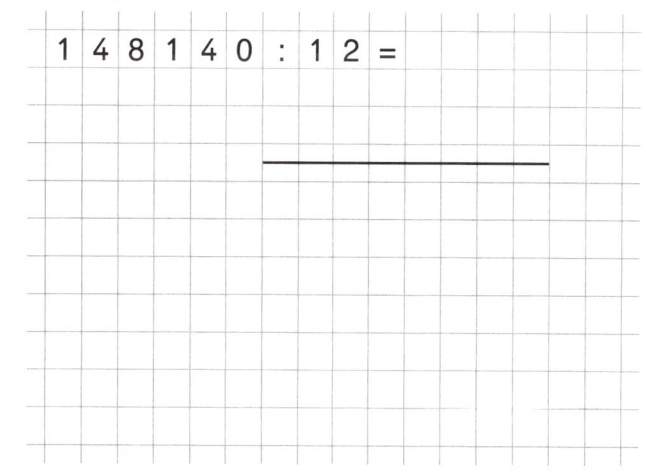

Schriftlich dividieren mit großen Zahlen ②

SB S.92/93

① Vorsicht Fehler! Rechne die Aufgaben richtig. Verbinde mit dem richtigen Tipp.

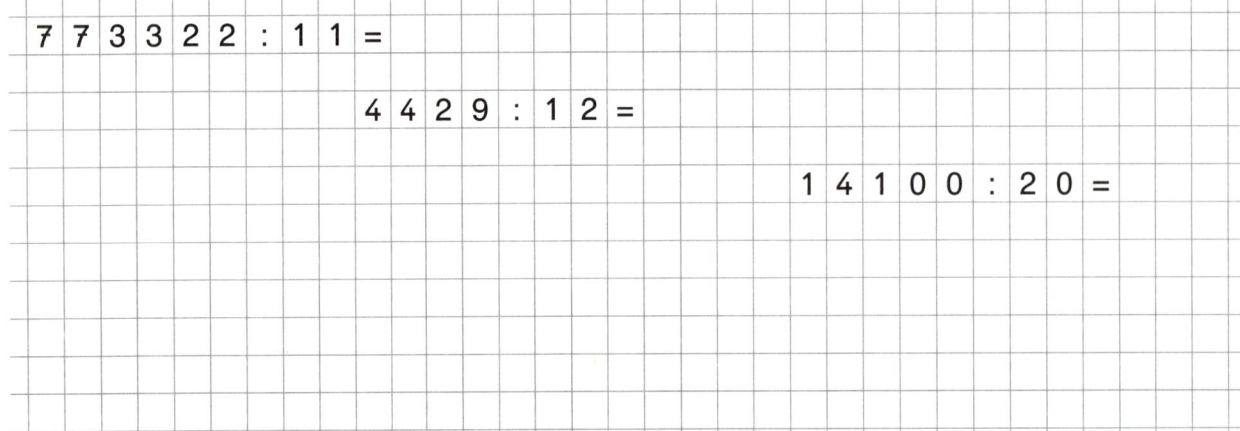

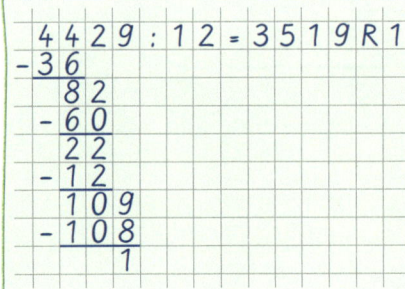

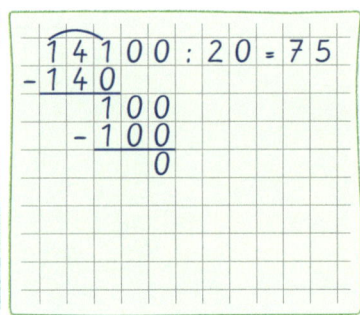

immer nur eine Stelle herunterholen

Pfeile ziehen

Der Rest muss kleiner als der Teiler sein.

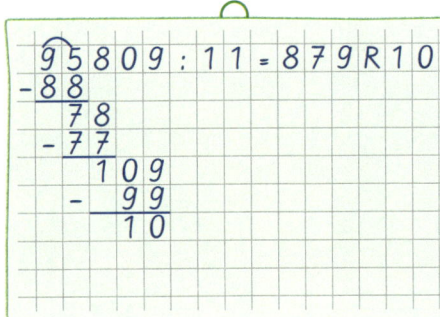

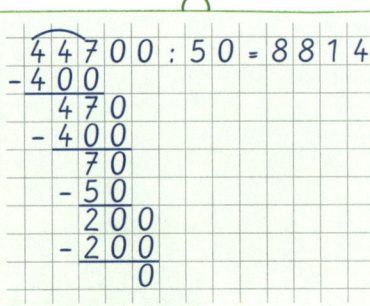

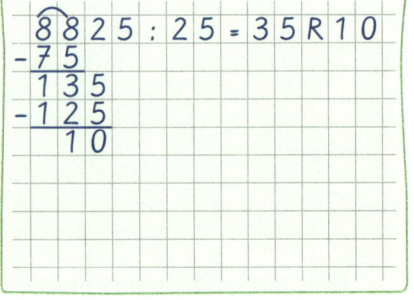

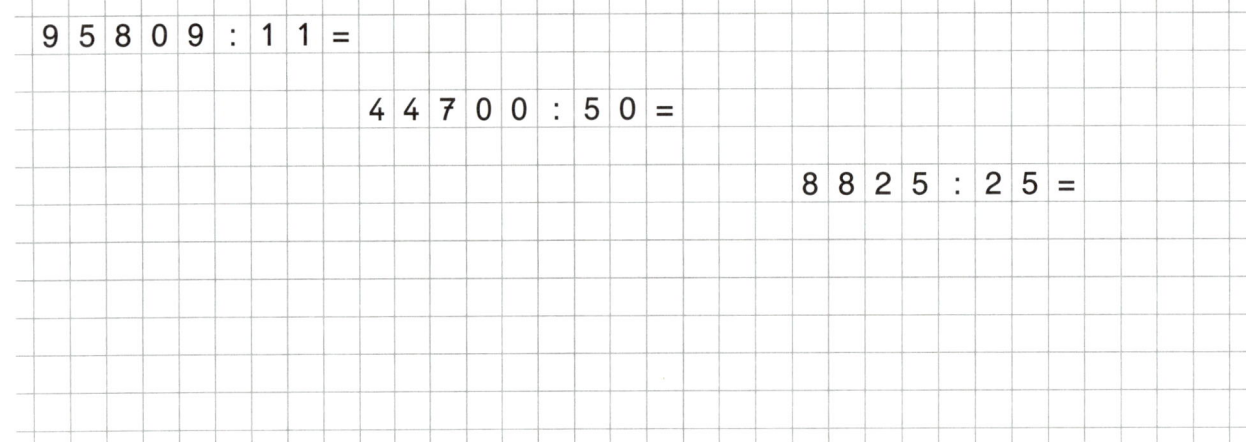

Dividieren mit Forscherblick

SB S.94/95

① a) Male an: ohne Rest | Rest 1 | Rest 2 | Rest 3 .

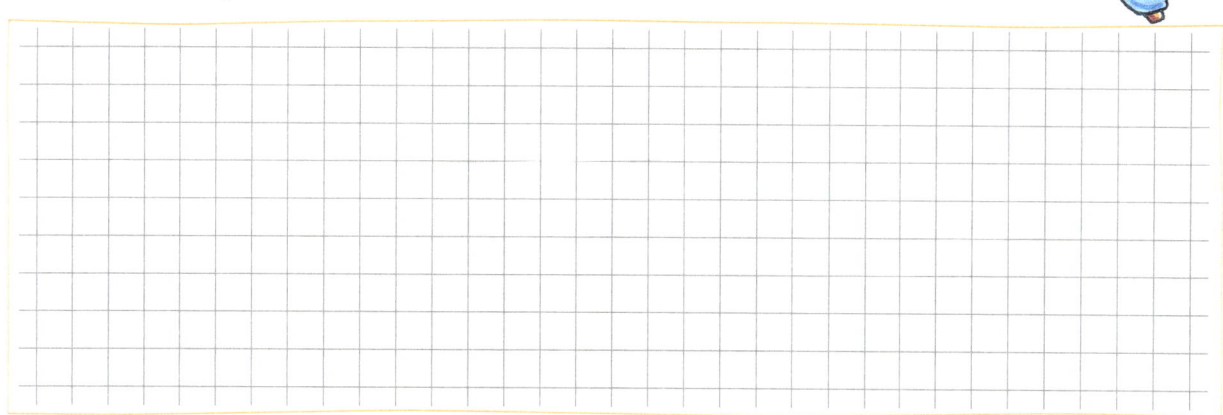

3424 : 4   71417 : 4   29028 : 4   56322 : 4   893411 : 4
79007 : 4   944 : 4   12850 : 4   3437 : 4

Eine Zahl ist durch 4 teilbar, wenn die letzten beiden Stellen …

b) Löse die Aufgaben, die ohne Rest durch 4 teilbar sind.

② Rechne nur Aufgaben, bei denen kein Rest entsteht.

7620 : 3   84028 : 3   973421 : 3
13694 : 3   13521 : 3   522 : 3

Eine Zahl ist durch 3 teilbar, wenn die Quersumme …

③ Verändere die Zahlen an der Einerstelle so, dass sie durch 9 teilbar sind. Rechne.

1856   24047   831

Schreibe weitere Aufgaben zu den Teilbarkeitsregeln in dein .

61

Grundwissen ④

SB S.96/97

1 Verbinde Aufgabe und Ergebnis.

a)
6 · 9	54 000
6 · 90	54
6 · 9 000	540

b)
7 · 400	28 000
7 · 4 000	280
7 · 40	2 800

c)
8 · 30	24 000
8 · 3 000	240
8 · 3	24

2 Multipliziere schriftlich.

583 · 7   328 · 6   581 · 6   807 · 9   660 · 5

3 Verbinde Aufgabe und Ergebnis.

a)
720 : 8	9
7 200 : 8	900
72 : 8	90

b)
6 300 : 9	7 000
63 : 9	7
63 000 : 9	700

c)
27 000 : 3	90
270 : 3	9 000
2 700 : 3	900

4 Dividiere schriftlich.

896 : 9 =

1 524 : 6 =

5 Die Klasse 4a kocht eine Gemüsesuppe. Auf dem Markt haben sie die Zutaten eingekauft: 2 kg Kartoffeln, 1 kg Zucchini, 1 kg Karotten und 1 Bund Petersilie.
Wie viel haben sie bezahlt?

Zucchini: 1 kg 1,89 €
Karotten: ½ kg 0,69 €
Kartoffeln: 1 kg 1,59 €
Petersilie: 1 Bund 0,89 €

Zusammen:

Kartoffeln	€
Zucchini	€
Karotten	€
Petersilie	€
Summe	€

A: _____

Bist du fit? ④

SB S. 96/97

1 Überschlage und rechne.

Ü: _____   Ü: _____   Ü: _____

4 5 6 · 8 3   6 8 1 · 2 4   3 9 6 5 · 7 1

2 Fülle die Lücken.

6 5 2 · 5	7 8 · 3	8 3 · 7	9 1 4 · _	3 6 · 4
3 2 _ 0	2 2 1 4	3 3 8 1	5 4 8 4	2 1 4 4

3 Dividieren mit Rest

4 6 3 2 7 : 5 =   3 7 4 3 6 : 8 =

4 Berechne jeweils den günstigsten Preis.

→ PREISE ←
Mohnschnecke 1,20 €
Rosinenbrötchen 0,60 €
Quarktasche 1,80 €

ANGEBOT je 3 €!
3 Mohnschnecken
6 Rosinenbrötchen
2 Quarktaschen

4 Rosinenbrötchen	4 · 0,60 € =
4 Mohnschnecken	
4 Quarktaschen	
6 Mohnschnecken	
8 Rosinenbrötchen	
5 Quarktaschen	

Ganz genau und ungefähr

SB S. 98/99

1 Runde auf volle Hunderttausender, Zehntausender und Tausender.

	HT	ZT	T
561 814	≈ 600 000	≈ 560 000	
423 836			
742 477			
638 185			
193 498			

≈ bedeutet „ist ungefähr".

2 a)

Stadionbesucher		Runde auf volle ZT	Runde auf volle T
BVB Dortmund	81 168		
Bor. Mönchengladbach	49 464		
VfB Stuttgart	53 512		
Hertha BSC Berlin	64 843		
FC Augsburg	30 660		
Bayern München	69 901		

b) Vervollständige das Balkendiagramm. Verwende die gerundeten Tausenderzahlen.

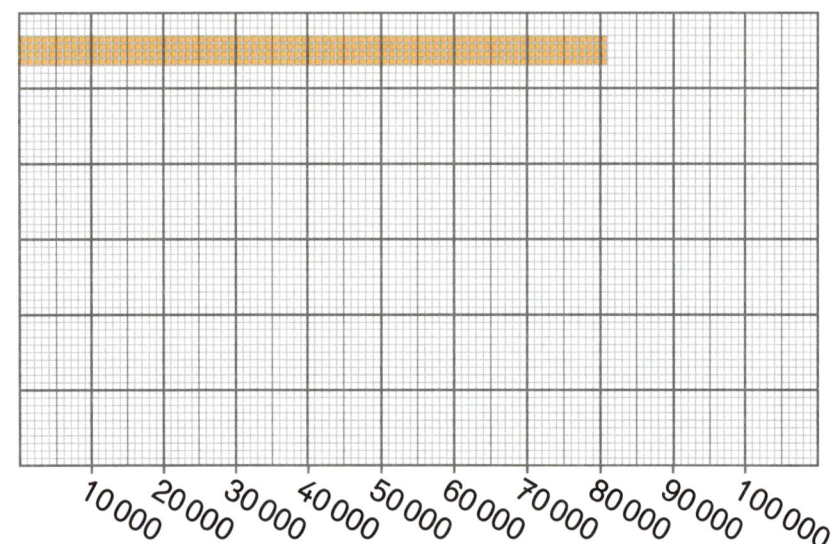

BVB Dortmund
Bor. Mönchengladbach
VfB Stuttgart
Hertha BSC Berlin
FC Augsburg
FC Bayern München

3 Welche Zahlen könnten hier gerundet worden sein? Schreibe die kleinsten/größten Zahlen auf.

gerundete Zahl	kleinste Zahl	größte Zahl
32 100	32 050	32 149
29 700		
31 500		

gerundete Zahl	kleinste Zahl	größte Zahl
840 000		
610 000		
280 000		

Zahlenzauberei mit dem Taschenrechner

SB S. 102/103

(1) Hier hilft der Taschenrechner.

a) Wie viele Stunden hat ein Jahr? Wie viele Sekunden sind es?

R: _____

A: _____

b) Nach wie vielen Stunden ist man 10 Jahre alt?

R: _____

A: _____

Denke an die Schaltjahre.

c) Wie viele Minuten spielt eine Bundesliga-Mannschaft in einer Saison (34 Spieltage)?

R: _____

A: _____

(2) Aus wie vielen Würfeln besteht der 21. Turm? Hat Bim recht?

Der nächste Turm ist immer doppelt so hoch.

Der letzte Turm hat mehr als 1 000 000 Würfel.

1	2	4	8						
1.	2.	3.	4.	5.	6.	7.	8.	9.	10.

| 11. | 12. | 13. | 14. | 15. | 16. |

| 17. | 18. | 19. | 20. | 21. |

(3) Eine Grundschule kauft Spiel- und Sportgeräte. Löse mit dem Taschenrechner.

Sport Petermann			
Anzahl	**Sportartikel**	**Einzelpreis**	**Gesamtpreis**
12	Wurfring	4,05 €	
4	Pedalo	49,95 €	
8	Catchball	9,90 €	
10	Softball	7,80 €	
		Summe:	

Würfelgebäude – Pläne und Ansichten

SB S. 106–109

1 Aus wie vielen Einheitswürfeln bestehen die Würfelgebäude? Trage die Anzahlen ein.

A 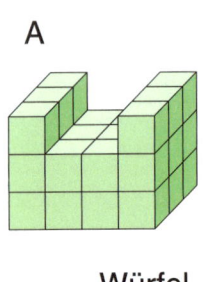 B  C 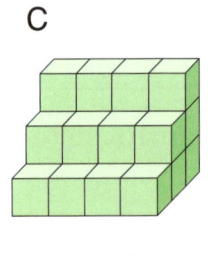 D  E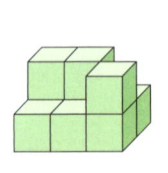

___ Würfel   ___ Würfel   ___ Würfel   ___ Würfel   ___ Würfel

2 Welcher Bauplan passt zu welchem Würfelgebäude aus Aufgabe 1?

a) Trage die Buchstaben ein.   b) Zwei Baupläne fehlen. Zeichne sie.

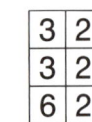   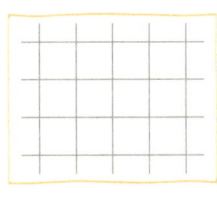   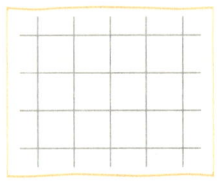

3 Wie viele Würfel passen in jede Schachtel? Trage die Anzahlen ein.

A 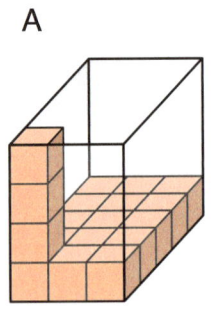 B 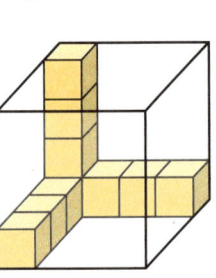 C 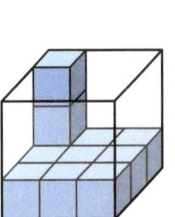 D 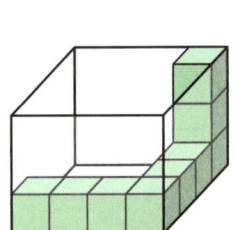 E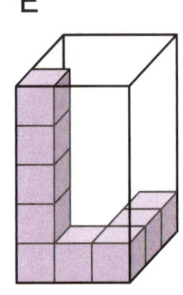

___ Würfel   ___ Würfel   ___ Würfel   ___ Würfel   ___ Würfel

Ergänze: Schachtel ___ hat den größten Rauminhalt.

Schachtel ___ hat den kleinsten Rauminhalt.

66

Bandornamente

SB S. 114/115

① Setze das Muster fort.

② Setze auch hier das Muster fort. Zeichne die Symmetrieachsen ein.

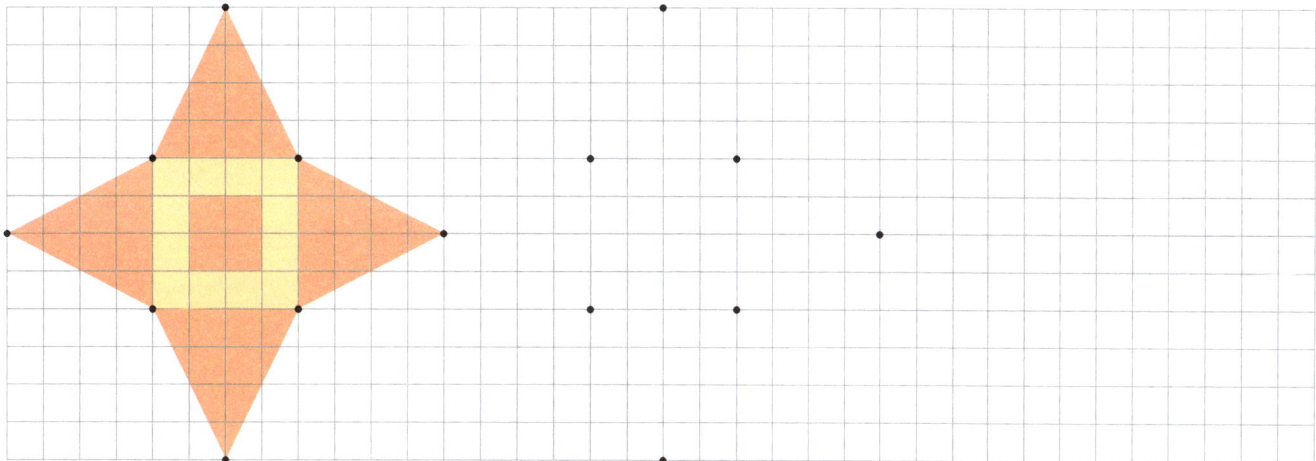

 ③ Zeichne das Muster fertig. Färbe so, dass es symmetrisch ist.

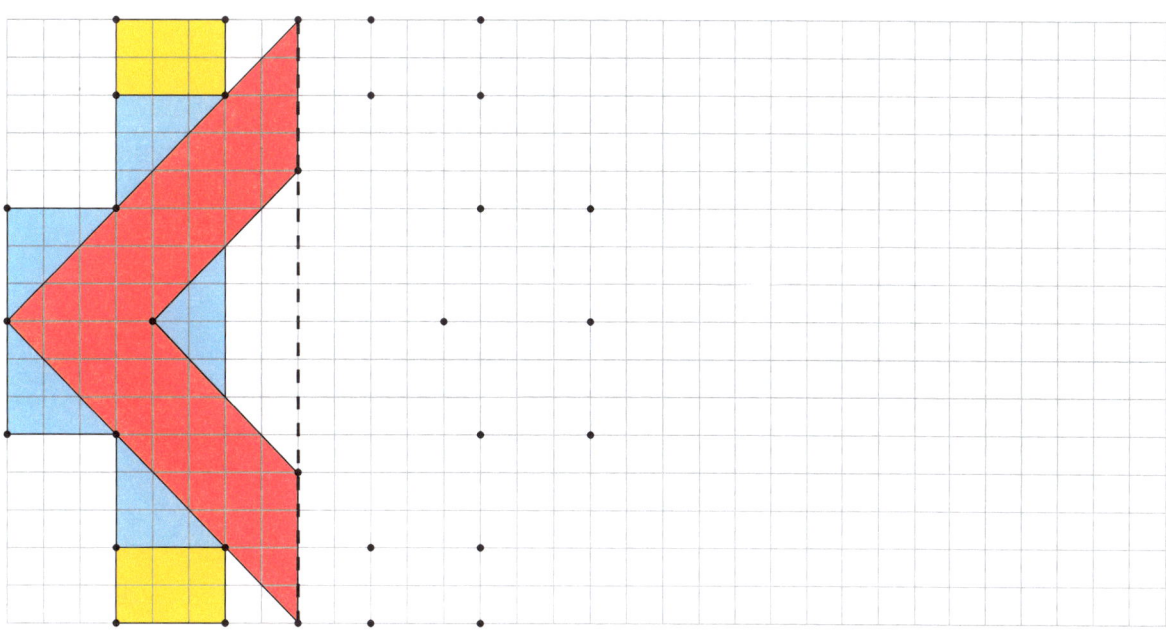

Von der Zeit in der Welt ①

① Wie spät ist es an den verschiedenen Orten?
Ergänze die Uhren und trage die Uhrzeiten ein:

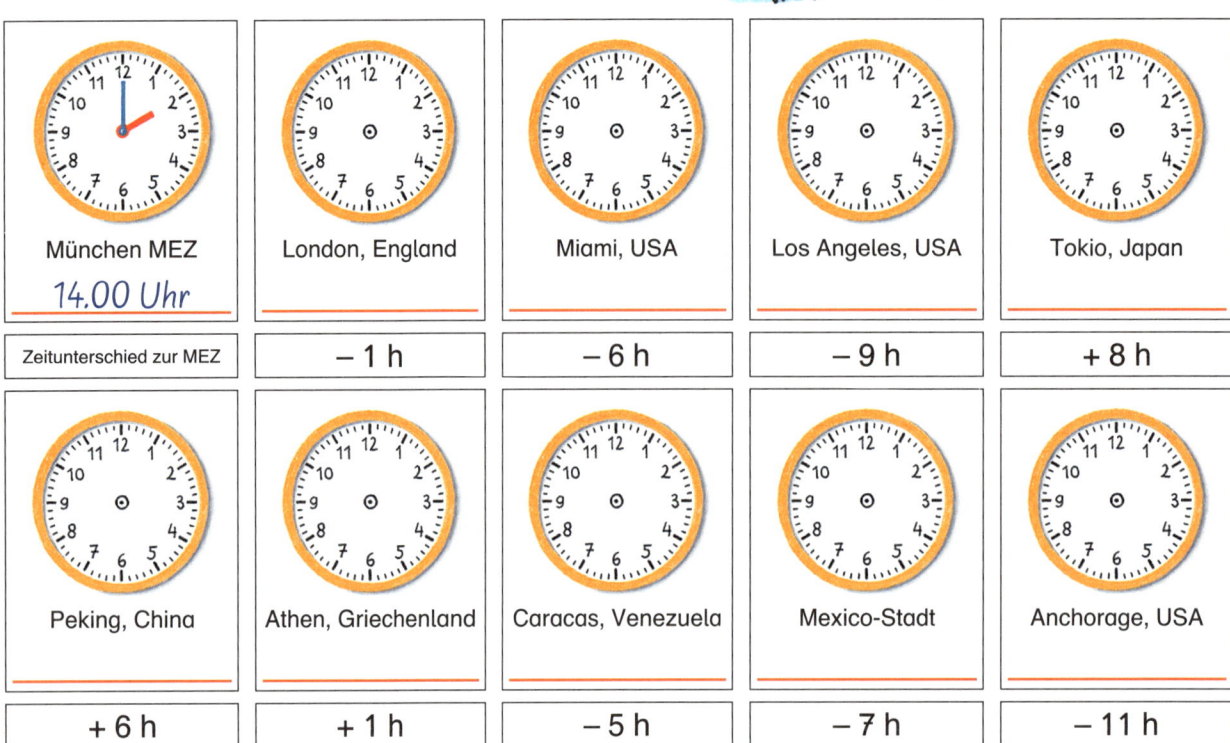

② Michael hat eine Cousine in Denver (USA). Er möchte mit ihr telefonieren.
Seine Uhr zeigt 16.45 Uhr.
Wie spät ist es gerade in Denver, wenn der Zeitunterschied – 8 h beträgt?

A: _____

③ Der Vater von Erkan befindet sich auf einer Dienstreise in Japan.
In Deutschland ist es gerade 6.50 Uhr und Erkan sitzt beim Frühstück.
Er überlegt, wie spät es jetzt wohl in Japan ist.
Der Zeitunterschied beträgt + 8 h.

A: _____

④ Eine Weltraumrakete startet in Cape Canaveral (USA) um 16.30 Uhr Ortszeit.
Bei uns ist es 6 Stunden später. Welche Uhrzeit haben wir in Deutschland?

A: _____

⑤ Die Fußballweltmeisterschaft 2014 fand in Brasilien statt.
Die Zeitverschiebung zu unserer Sommerzeit beträgt in Rio de Janeiro – 5 h.
Zu welcher Zeit konnten wir die Fußballspiele im Fernsehen live anschauen,
die um 13.00 Uhr, 16.00 Uhr und um 17.00 Uhr in Rio begannen?

A: _____

Von der Zeit in der Welt ②

SB S.116/117

① Lies jeweils den Text, löse die Aufgaben und ergänze die Skizzen.

a)
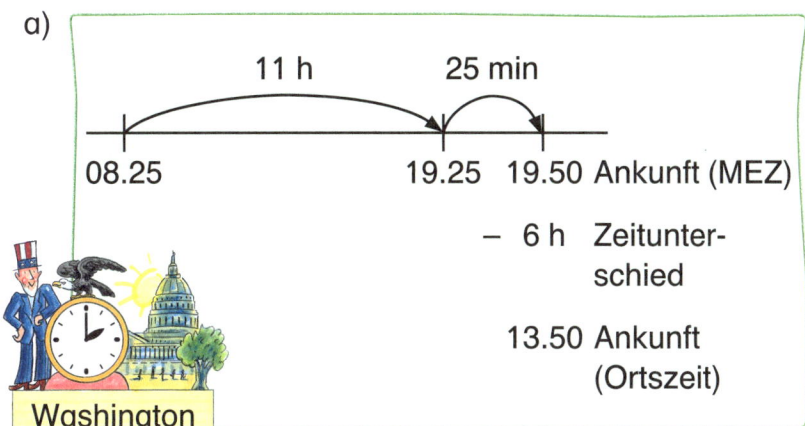

Ein Flugzeug startet um 8.25 Uhr in München. Die Flugzeit nach Washington (USA) beträgt 11 Stunden 25 Minuten. Wann kommt es in Washington bei einem Zeitunterschied von – 6 h an?

_____

b)
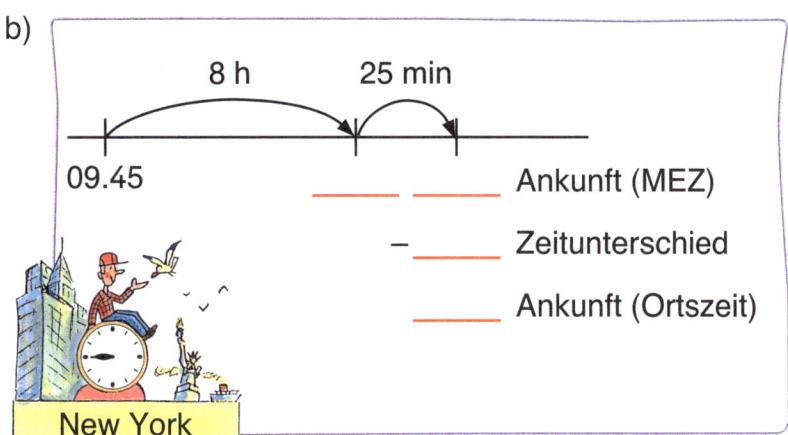

Ein Flugzeug startet um 9.45 Uhr in München. Die Flugzeit nach New York beträgt 8 Stunden 25 Minuten. Wann landet es in New York bei einem Zeitunterschied von – 6 h?

_____

c)
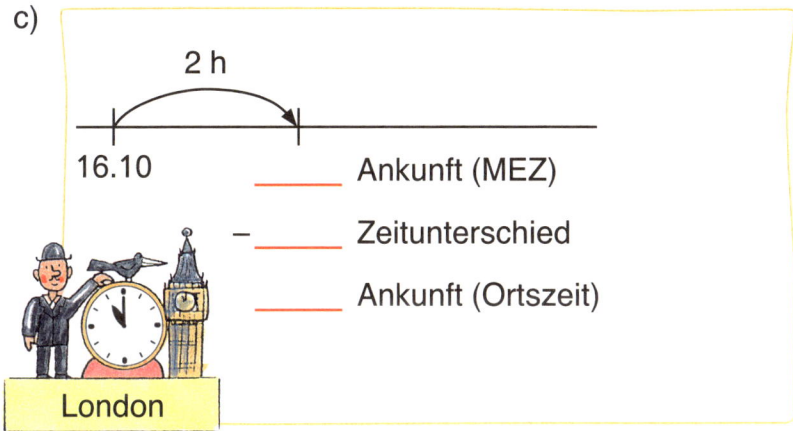

Ein Flugzeug startet um 16.10 Uhr in Frankfurt. Die Flugzeit nach London beträgt 2 Stunden. Wann landet es dort bei einem Zeitunterschied von – 1 h?

_____

d)
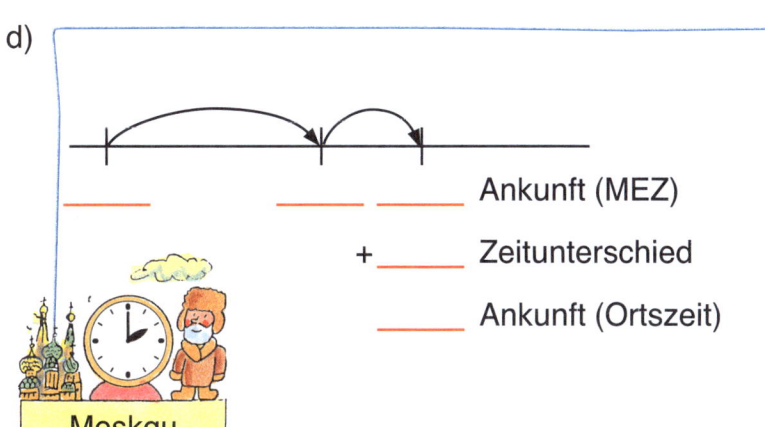

Ein Flugzeug startet im Dezember um 9.35 Uhr in Berlin. Die Flugzeit nach Moskau beträgt 3 h 30 Minuten. Wann landet es dort bei einem Zeitunterschied von + 2 h?

_____

69

Sommerzeit – Ferienzeit

SB S. 118/119

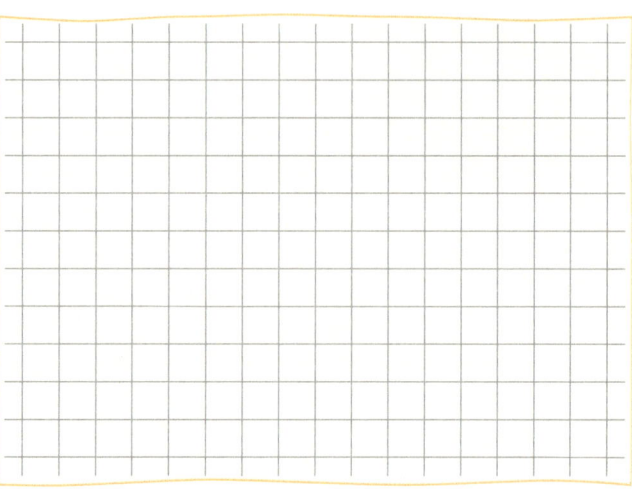

Iglu-Zelt 89,95 €
Liegebett 19,99 €
Luftpumpe 8,95 €
Tauch-Set 29,99 €
Taschenlampe 9,95 €

1 Jonathan und Katharina kaufen für das Zeltlager ein.
Sie brauchen ein Zelt, eine Taschenlampe, zwei Liegebetten und eine Luftpumpe. Eigentlich hätte jedes Kind gerne eine eigene Taschenlampe und sie würden auch gerne noch ein Tauchset mitnehmen.
Was würdest du ihnen empfehlen, wenn sie 180 € zur Verfügung haben?

A: _____

2 Das Zeltlager findet mit einer Gruppe auf einem Zeltplatz statt. Für den Zeltplatz muss die Gruppe 500 € für die ganze Woche bezahlen. Das Essen wird mit 5 € pro Kind pro Tag berechnet.

a) Wie viel kostet der Zeltplatz für jedes Kind, wenn 100, 50, 25 Kinder mitfahren? Erstelle eine Tabelle.

Anzahl Kinder	Gesamtpreis Zeltplatz	Preis pro Kind

Rechne hier oder auf deinem Block.

b) Wie hoch sind die Kosten für das Essen für jedes Kind, wenn das Zeltlager von Montag bis Freitag dauert?

A: _____

c) Wie viel kostet der Zeltlageraufenthalt für ein Kind, wenn 100, 50, 25 Kinder teilnehmen?

A: _____

Grundwissen ⑤

SB S. 122/123

1 Zähle in Schritten.

a)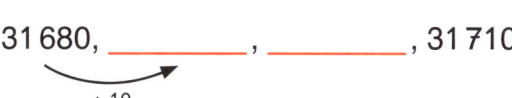

b)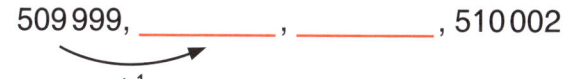

2 Addiere und subtrahiere schriftlich.

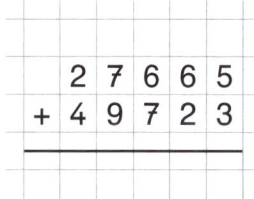 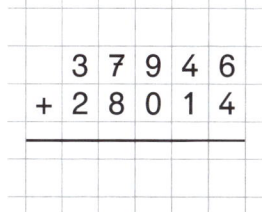 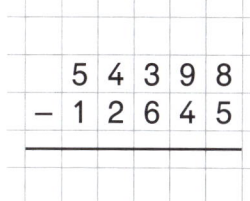 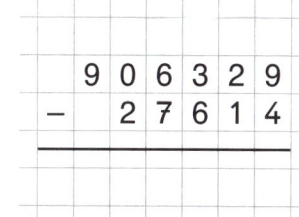

3 Multipliziere und dividiere schriftlich.

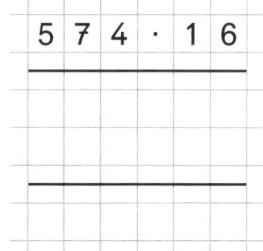 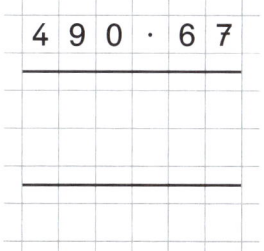 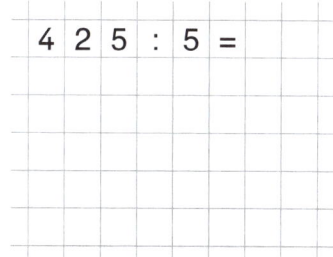

4 Dividiere im Kopf.

24 000 : 8 000 = _____   36 000 : 600 = _____   4 800 : 80 = _____

5 600 : 700 = _____   28 000 : 70 = _____   54 000 : 6 = _____

81 000 : 9 = _____   3 500 : 500 = _____   7 200 : 90 = _____

5 Setze das Muster fort.
Färbe so, dass es symmetrisch ist.

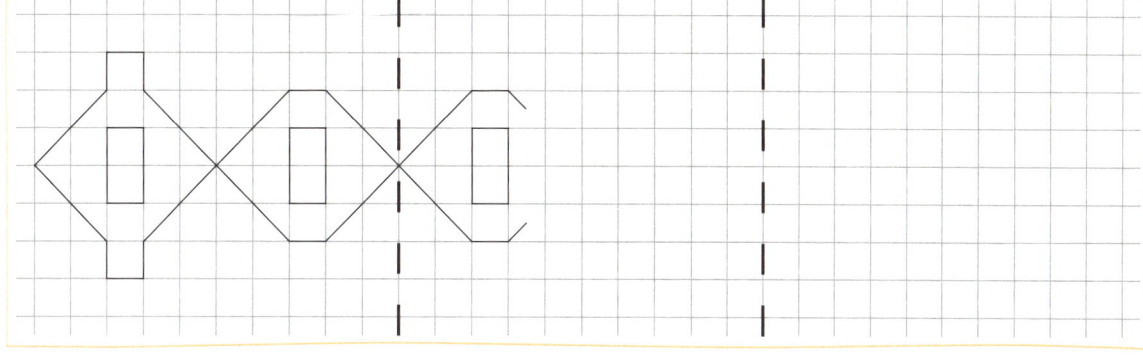

71

Bist du fit? ⑤   Du kannst auch auf deinem Block rechnen.   SB S. 122/123

1

a) Opa, Vater, Mutter und Sohn sind zusammen 150 Jahre alt. Die Mutter ist 5-mal so alt wie ihr 7-jähriger Sohn. Der Opa ist doppelt so alt wie der Vater. Wie alt ist jeder?

b) Anna, Tobias, Marion, Bernd und Frank vergleichen ihr Alter. Bernd ist 2 Jahre älter als Anna, aber 3 Jahre jünger als Frank. Marion ist ein Jahr älter als Bernd, aber 4 Jahre jünger als Tobias. Anna und Bernd sind zusammen 18 Jahre alt. Wie alt ist jeder?

2 Färbe die Zauberhüte mit der richtigen Farbe.

– Der rote Hut hat keine Punkte und keine Streifen. Er steht zwischen einem Zahlenhut mit nur geraden Zahlen und einem anderen Hut.
– Auf dem blauen Hut sind keine Zahlen, er steht nicht neben einem Zahlenhut.
– Der grüne Hut hat keine Streifen und keine Sterne. Sein einziger Nachbar ist ein Zahlenhut.
– Der Hut mit nur geraden Zahlen ist gelb.
– Der braune Hut steht nicht neben dem blauen.

3 Zahlenrätsel

Wir wünschen allen Zahlenzauberern …

… schöne Ferien!